親子でつくれる
ひばりっこくらぶ保育園の偏食解消レシピ

## 子どもの偏食に悩むお母さんへ

子育てにも、ご家庭でつくる料理にも、失敗はありません。
完璧さを求めるよりも、
まずは楽しい食卓になるように心がけましょう。

社会福祉法人 宿河原会
ひばりっこくらぶ保育園
キャプテン　久保田ひろ子

　朝、子どもと別れる際に、「いい子にしているのよ」と言うお母さんがいます。そのときに私が必ずお伝えするのは「保育園では、いい子にしていちゃダメなんですよ」ということ。そうすると、「え？　なぜいい子じゃいけないの？」と、驚かれる方がほとんどです。

　保護者のお仕事にもよりますが、子どもたちは毎日10時間近く、保育園で過ごします。とても長い時間です。その長い時間をいい子で過ごすのは、無理ですよね。子どもたちに、のびのびと過ごしてもらうためにも、"いい子"になってもらってはいけないのです。

　ほかにもいい子では困る理由があります。幼児にとって泣いたり、ぐずったり、わがままを言ったりすることは、自己表現の1つ。ときには、ケンカも必要です。幼児期の子どもたちは、いい子にならないことで、自分を表現することができるのです。

　幼児期にしっかり自己表現できた子どもは、思春期に問題行動を起こすことが少ないといわれています。同じように"問題行動で自己表現"されるなら、思春期よりも幼児期に表現してもらっておくほうがいいですよね。

　子どもにも社会性は備わっています。「いい子でなくてもいいよ」と言われても、子どもは子どもなりに、外では頑張っているものです。ですから、ご自宅に戻られたら、平日はママもお子さんもできるだけ"ダラン"としてください。

　"保育園ではきちんとやれているのに、家庭では全然できてない……"という状態は、子どもに社会性が身に付いた証。心配いりません。

それよりも心配なのは、ママの前でだけはいい子になるケースです。ご自宅でママが何でも完璧にしようと頑張ってしまうと、子どもも頑張らなくてはいけなくなり、子どもにとって"家"が窮屈なものになってしまうこともあります。

　家庭はみんなでダランとできる場所であるほうがいいのです。家でダランとするから、また、外で頑張ろうという気持ちになれます。

　子どもの食事のことも、平日は「子どもを待たせない」「一緒に食べる」が優先です。その代わり、お休みの日には、ぜひ子どもと一緒に、手をかけた料理を楽しんでください。

　そもそもご家庭でつくる料理に失敗はありません。

　カレーにとろみが足りなかったら、それは失敗作ではなく、"スープカレー風のカレー"。レパートリーが増えただけです。

　ちょっと甘すぎたなと思ったときにも、「少し甘めにつくってみたんだけど、どう？」と家族に尋ねてみると、意外に「このほうがおいしい！」という返事が返ってくることもあるかもしれません。

　もともと、色々な偶然が重なってできあがった料理も多くあります。ご家庭の味というのも、偶然が重なり合って、最終的な味が決まっていくのではないでしょうか。

　本書では、年齢に応じた子どもと一緒に料理するアイデアを紹介しています。子どもと一緒に料理をする場合には、ぜひ献立を考えるところから一緒に取り組んでみてください。

　「今日は寒いから体が温まる鍋にしようか」
　「大根やネギみたいに、土の中に埋まっているお野菜は体を温めてくれるんだよ」
　「ネギを食べていると、お風邪をひかなくなるから、お鍋にネギも入れようか」

　献立を考えながら、食べものにまつわるお話をすることで、子どもが苦手な食材に興味を持つきっかけにもなります。

　さらに、献立を決めてから買い物に行くのではなく、冷蔵庫の中にあるもので何かつくるように心掛けてください。ありものを使って工夫する姿は、「すべてそろわなくても、工夫次第」という、子どもたちへのメッセージにもなります。

　完璧にしようとママが頑張りすぎてしまうと、その緊張感は子どもに移ってしまうものです。完璧さよりも楽しい食卓になるように心がけましょう。

# もくじ

子どもの偏食に悩むお母さんへ ... 2
もくじ ... 4

## Part 1　子どもの"食"を理解する ... 7
子どもの偏食を理解しよう ... 8
ひばりっこくらぶ保育園の好きな食べものを増やすコツ ... 10
だから子どもが食べてくれる！保育園の給食の秘密 ... 12
COLUMN　一粒の梅干しは、大切に見守られてきた証 ... 14

## Part 2　親子で一緒に楽しめる偏食解消レシピ ... 15
はじめに　食べたくなる環境を整えよう ... 16
　　　　　ひばりっこくらぶ保育園給食室の秘密 ... 17
親子料理レシピ　親子で料理を楽しもう！ ... 18
　ロコモコ ... 20
　巻き揚げチーズ ... 24
　そら豆のホクホクサラダ ... 26
　洋風お好み焼き ... 28
　かんたんピザ ... 30
COLUMN　異年齢教育から学べること ... 33

大皿レシピ　大皿レシピで、家族バイキングをしよう！ ... 34
　サマースパゲッティ ... 36
　ポークビーンズ ... 37
　カボチャのグラタン ... 38
　麻婆豆腐 ... 39

料理の基本　料理の基本をおさらいしよう　切り方編 ... 40
　　　　　　　　　　　　　　　　　　　調理器具、調理法編 ... 41

COLUMN　おかわりデビューしよう！ ... 42

## Part 3　食べてみたくなる、きっかけレシピ ... 45
イベントレシピ　おやつパーティをしよう！ ... 46
　りんごとチーズのカップケーキ ... 48
　こめ粉ニンジンクッキー ... 48
　野菜スティック＆みそディップ ... 49
COLUMN　"服育"について考えてみよう ... 50

お弁当レシピ　お弁当を持って、外に出かけよう！ ... 51
　子ども好みの炊き込みご飯と、レバーの立田揚げのお弁当 ... 52
　タンドリーチキンは、保育園でも大人気！ひじきご飯で栄養をプラス ... 54
　さっぱりした梅ゴマご飯は夏にピッタリ！鮭のもみじ焼きは夕飯にも ... 56
　小食の子も大喜びで食べてくれる、ブレッドオムレツのお弁当 ... 58

農園レシピ　見て、触って、五感で食材に触れよう！ ... 60
　家庭菜園で育てた野菜をみんなで食べよう！ ... 62
　大人でもおいしく食べられる、辛くないカレー ... 63
　収穫したサツマイモでおやつをつくろう！　黒砂糖の大学芋 ... 64
　　　　　　　　　　　　　　　　　　　　　かんたん焼き芋 ... 64

## Part 4　苦手克服レシピ　　　　　　　　　　　　　　　65

### 苦手克服レシピ　野菜編　　　　　　　　　　　　　66
- ナスのグラタン　　　　　　　　　　　　　　　　66
- ナスとピーマンのみそ炒め　　　　　　　　　　　67
- ピーマンの当座煮　　　　　　　　　　　　　　　67
- ホイコーロー　　　　　　　　　　　　　　　　　68
- 海苔和え　　　　　　　　　　　　　　　　　　　68
- レンコンのサラダ　　　　　　　　　　　　　　　69
- かきたま汁　　　　　　　　　　　　　　　　　　69
- せんべい汁　　　　　　　　　　　　　　　　　　70
- しょうゆフレンチ　　　　　　　　　　　　　　　71
- 豚肉のすき焼き風煮　　　　　　　　　　　　　　71
- 白菜とベーコンのミルク煮　　　　　　　　　　　72
- 五目豆　　　　　　　　　　　　　　　　　　　　72
- 水菜の塩焼きそば　　　　　　　　　　　　　　　73
- 夕焼けご飯　　　　　　　　　　　　　　　　　　73
- 芋ようかん　　　　　　　　　　　　　　　　　　74
- チヂミ風おやき　　　　　　　　　　　　　　　　74
- ワカメご飯　　　　　　　　　　　　　　　　　　75
- 豆腐の落とし揚げ　　　　　　　　　　　　　　　75

### 苦手克服レシピ　肉編　　　　　　　　　　　　　　76
- 豚とゴボウの卵とじ煮　　　　　　　　　　　　　76
- 鶏肉のマーマレード煮　　　　　　　　　　　　　77
- レバーの香り揚げ　　　　　　　　　　　　　　　77

### 苦手克服レシピ　魚編　　　　　　　　　　　　　　78
- 魚のグラタン　　　　　　　　　　　　　　　　　78
- 魚のタンドリー風焼き　　　　　　　　　　　　　79
- サバの重ね煮　　　　　　　　　　　　　　　　　79

### 苦手克服レシピ　その他の食材編　　　　　　　　　80
- 豆腐の中華スープ　　　　　　　　　　　　　　　80
- ひじきのゴマ和え　　　　　　　　　　　　　　　80

## Part 5　視点を変えて、子育ての悩みを解消　　　　　81
- 保育のプロが考える、幼児期に必要な食育　　　　　82
- ズームアウトが必要なとき　　　　　　　　　　　　84
- 幼児期に学ばせておきたいこと　　　　　　　　　　86
- ひばりっこくらぶ保育園の子育てハッピーメソッド01　育児スペースには香りを活用しよう　　88
- ひばりっこくらぶ保育園の子育てハッピーメソッド02　子育て中は、ママの心と体を癒すことも大切　　89
- リフレクソロジーで、気分転換　足裏マッサージでリフレッシュしよう　　90
- 香りの効能で、ママも子どももストレスフリーに　香りを使って体調や気持ちを整えよう　　91
- ひばりっこくらぶ保育園の保育士さん、栄養士さんからママへ　保育のプロからのメッセージ　　92

あとがき　　　　　　　　　　　　　　　　　　　　　94

## 偏食の子どもを持つ、すべてのママへ。

本書では、レシピを通して苦手食材に挑戦するアイデアをたくさん紹介していますが、偏食を解消することだけがこの本の目的ではありません。

食べること、食べる時間は楽しい……。

それがお子さんに伝わるよう工夫しています。嫌いな食べものに挑戦すること、その過程を親子で楽しむ中で、食べられる量や食材が増えてけば幸いです。

Part 1
子どもの"食"を理解する

# 子どもの偏食を理解しよう

 ## 好き嫌いと偏食の違い

　偏食に悩むママが増えています。それは10年ごとに行われている調査「乳幼児栄養調査結果報告」でも顕著で、子どもの食事で困っていることに"偏食をする"をあげている人は、20年前の1.5倍以上に増えています。
　ここで、まず保護者の方に知ってほしいのが、"好き嫌い"と"偏食"は違う（注1）ということです。
　"好き嫌い"とは、たとえば、"牛乳は飲めなくても、チーズや卵など同じ栄養素を含む食品群の中に、食べられる食材がある"といったケースです。この場合、牛乳を飲むことで必要だった栄養素は、チーズや卵で補えているため、栄養バランス的には問題がありません。
　一方、"偏食"は、肉や魚は食べられても、野菜はまったく食べられないなど、特定の栄養素が欠けてしまうことをいいます。偏食がひどい場合には、栄養不足からくる体調不良や、栄養失調が懸念されます。
　このように、保護者の多くが偏食だと思っている多くのケースは単なる好き嫌いで、栄養面で心配する必要のないことがほとんどです。
　"偏食"という言葉が一人歩きしてしまったことで、ママの精神的負担が増えているといいます。子どもの食に関する悩みを解消するためには、まずは幼児期の子どもの特徴を知ることが大切です。

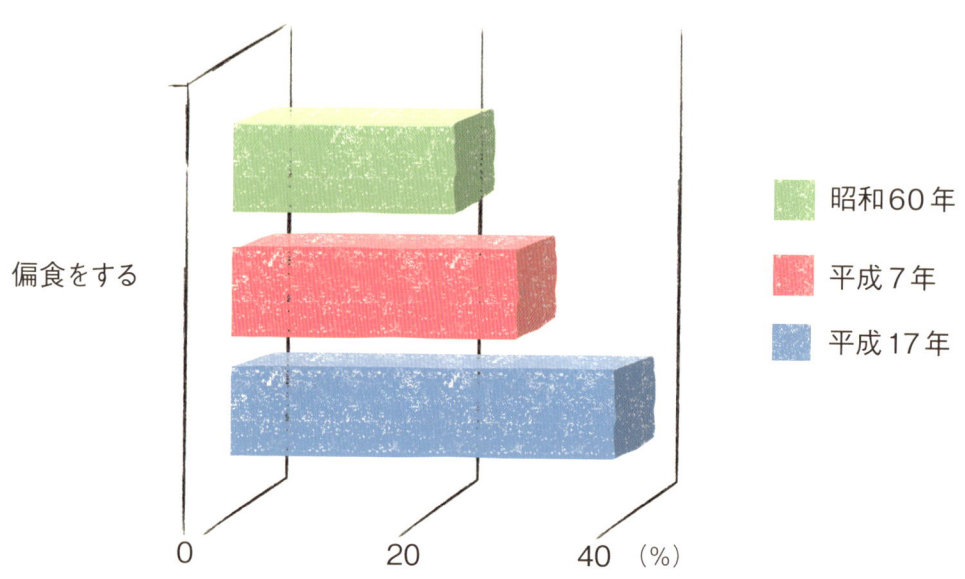

「子どもの食事で困っていること（1歳以上）」（平成17年度乳幼児栄養調査結果報告より）

## ■■ "嫌い"は成長の証

　乳児の好き嫌いは、与えられた食べものの味、舌触りなどによりますが、幼児期になると、これに盛りつけや食材の見た目など、視覚による要素も加わります。これは子どもの情緒が発達した証です。自我が目覚める時期でもありますから、乳児期よりもはっきりとした"好き嫌い"として主張するようになります。

　また、子どもが嫌いな代表的な味には、苦みや酸味があります。しかし、これらは、熟れていないものや毒物、腐ったものを連想させる味です。

　大人は経験上、苦みや酸味もおいしく食べられることを知っていますが、子どもは本能的に"危険な味"だと感じ、口に入れるのを嫌がるのです。

　"嫌い"は、味覚が発達した証と、まずは子どもの成長を受け止めましょう。

## 小食

　子どもは、乳児期に大きな身体発達を遂げますが、幼児期になると、発育のスピードは次第におだやかなものになってきます。乳児期に旺盛な食欲を示していた子どもが、同じような食欲を見せなくなることも。これも成長過程の1つです。ですから、体重に急激な増減が見られないようでしたら、食が細いように感じても、あまり心配しなくても大丈夫です。

　また、子どもの小食について悩む両親に自分たちの喫食量（注2）について尋ねると、両親も小食であることが少なくありません。数字だけにとらわれてしまうと、心配事が増えてしまうだけです。子どもの成長を大きくとらえ、見守ってあげてください。

（注1）本書の中ので"偏食"は、"好き嫌い"のことを指します。
（注2）食べられる量のこと。

# ひばりっこくらぶ保育園の
# 好きな食べものを増やすコツ

好き嫌いや小食を必要以上に心配することはないとはいえ、好きな食べものの幅を広げていくことは大切なことです。ひばりっこくらぶ保育園で実践している、"好きな食べものを増やすコツ"をご紹介します。

1　みんなで食べよう！
2　自分で選ばせ、子どもに責任感を持たせる
3　プチ嫌な体験をつくらせない
4　最低1年間はじっくりと見守る
5　待つだけではなく、種まきをしよう

## 1 みんなで食べよう！

　家族みんなで食事をすることで、人間関係がより強くなり、家族の会話が増えます。楽しい食卓は子どもの"心の栄養状態"をキャッチできる絶好の場です。子どもの心が安定すると、情緒や感性が発達します。

　また、家族で囲む食卓は、社会の規範やマナーのほか、文化（食べ方、暮らし方、生き方）を伝承する場にもなります。楽しい空間で楽しい食事ができるように心がけましょう。

## 2 自分で選ばせ、子どもに責任感を持たせる

　登園時の子どもたちは、多かれ少なかれ緊張するものです。そんな子どもたちがスムーズに遊びをはじめられるコツがあります。それは「ホールで遊ぶ？　それともお外にする？」と、遊び場を自分で選ばせることです。

　子どもは自分で決めた選択には、責任感を持って取り組むことができます。食事も同じです。食器や食具、食べる量など、子どもに選択肢を与えましょう。自分で決断する習慣は、自発的な能力も育んでくれます。

## 3 "プチ嫌な体験"をつくらせない

　本来、食べることは"頑張ること"ではありません。「栄養があるから残さず食べなさい」と、食事を強制されると、その食材に対する苦手意識を持ってしまうこともあります。食材に対して"プチ嫌な体験"をつくらせないことが大切です。

　嫌いな食材があっても、ほかの食材で同じ栄養がとれていれば、成長に影響はありません。"好き嫌いをなくす"のではなく、"バランス良く食べる"を目標に、子どもが食べられるものの幅を広げていきましょう。

## 4 最低1年間はじっくりと見守る

　"食べたことがない""見慣れていない"は、子どもが食材を敬遠する理由の1つです。子どもには子どものペースがあります。未知の食材を口にしてみようと思うまでの道のりも子どもによって異なります。

　子どもが何かに挑戦する際には、最低1年間はかかるものだと割り切り、おおらかにかまえましょう。そして、子どもの"食べてみたい"と思うタイミングを逃さないように、じっくりと見守りたいものです。

## 5 待つだけではなく、種まきをしよう

　食の問題は、気長にかまえることが大切。とはいえ、種をまかなければ花が咲かないのと同じで、食の問題を解決するのにも、種まきが不可欠です。食べなくても、苦手な食材も献立に使うようにし、常に子どもの目に触れさせましょう。

　一緒に食材を選んだり、簡単な作業で調理に参加させたりと、食材に親しむきっかけを"種まき"することも大切です。触ったり、匂いをかいだりするだけでも、その食材に対する"経験"になります。

# だから子どもが食べてくれる！
# 保育園の給食の秘密

　自宅ではあまり食べないという子どもも、保育園ではなぜたくさん食べることができるのでしょうか？「子どもの偏食や小食は、私の料理のせい……？」と、悩むママも少なくないというこの問題。MAMA-PLUG編集部が保育園の給食の秘密を探ってみました。

## 保育園の献立ができるまで　　　（保育所における食育の計画づくりガイドより）

### 1　食事提供のための実態把握
　子どもの発達や発育状況、健康状態のほか、栄養状態や生活状況について、保護者との会話や実測によって定期的に把握するように努めます。

### 2　栄養給与量の目標の設定
　子どもに必要なエネルギーと栄養素の適切な量の目標を設定します。食事摂取基準をもとに、子どもの年齢だけでなく、栄養状態などに応じた、目標の設定が必要です。

### 3　献立の作成
　子どもの咀嚼（注1）や嚥下（注2）機能、食具使用の発達を促すよう考慮します。食に関する嗜好や体験が広がるように、幅広い種類の食材を使った献立を心がけます。

### 4　調理上の留意点の設定
　子どもの発育や発達状況を考慮した調理形態にし、様々な味が体験できるような調理を心がけます。子どもが調理に関わる際には、援助ポイントも考えておきましょう。

### 5　衛生・安全に関する留意点の設定
　食材や調理食品の衛生管理、調理後の温度管理などに関する留意点を設定します。同時に栄養士や調理士の健康管理や健康診断などについても、定期的にチェックします。

### 6　盛りつけ、配膳の配慮点の設定
　適切な温度で配膳を行うための留意点をまとめます。また、子どもたちの目の前で食事のできあがりを見せる工夫や、子どもが自分で配膳する機会などの配慮点を設定します。

### 7　食事環境の配慮点の設定
　ゆとりある食事時間を確保し、採光や安全性の高い食事空間を設けます。テーブルやイス、食器、食具などの物理的な環境と、保育士や仲間など人的な環境について、配慮します。

### 8　フィードバック
　①～⑦の手順のもと、食育の視点から各プロセスを評価します。子どもの喫食状況の実態については、保育士や栄養士、調理士で随時評価し、結果を献立作成に反映させます。

(注1) 口の中に入れた食べものを、細かく噛み砕き、唾液や消化酵素が分泌され混ぜられること。
(注2) 食べものを飲み込みやすい形（食塊）に変え、飲み込むこと。

## 保育園の給食レシピを家庭でも無理なく実現するコツ

### 保育園の給食の秘密

　保育園の給食は、左ページの表のような流れで、食事提供についての計画がつくられ、調理されます。MAMA-PLUG編集部が、一番気になった項目は、フィードバック。子どもが食べなかった理由を探り、今後の調理や献立に活かしていくという点です。

　ここに保育園の給食の"子どもたちが食べてくれる秘密"があるとはいえ、この"食事提供に関する計画"を家庭で行うのは、時間面や技術面で無理があります。

　そこで、ひばりっこくらぶ保育園の管理栄養士、石野泰子さんに、この計画に準じた、家庭でも実践できる"子どもたちが食べてくれる秘密"を伺いました。

### まずは子どもたちの様子を観察しましょう

　子どもたちの状況を把握するためには、残食量だけで判断するのではなく、子どもたちが食べている様子を観察することが大切です。そこで気づいたことは、調理方法の参考になります。

　たとえば、食材の大きさは大きすぎても小さすぎても食べにくいものです。小さすぎるために、スプーンですくったり、お箸でつかんだりしにくい場合も……。

　ひばりっこくらぶ保育園では、保育士だけでなく、栄養士も子どもたちと一緒に食事をします。子どもたちとコミュニケーションをとりながら喫食状況を把握するためです。

　また、園の給食は、ひと月に同じ献立が２回出てくるようなサイクルにしています。子どもたちがメニューや食材に無理なく慣れるような工夫です。１回目は残してしまった子どもが２度目の挑戦のときには食べられたということもあります。

　２度目の挑戦でたくさん食べてほしいから、２回目の調理をする際には、１回目の子どもの反応を参考に、食材の切り方、味つけなどを調整しています。

　子どもとのコミュニケーションの中で、"わが家の味"を親子一緒に築けていければいいですね。

左は年少さんのおかずの量、右は年長さんのおかずの量の目安です。

子どもたちと一緒に食事をし、コミュニケーションを図りながら献立や味つけを考えます。

## 一粒の梅干しは、大切に見守られてきた証

　ひばりっこくらぶ保育園の姉妹園、ひばり保育園では、年長さんになると梅干しをつくります。みんなでつくった梅干しは、子どもたちが20歳になるまで、園で大切に保存されています。

　そして、20歳になったときに開かれる同窓会で、園にいた頃の全記録と一緒に、一粒の梅干しがプレゼントされるのです。14年間、保管されていた梅干しの味は、酸っぱさと懐かしさでいっぱいです。そして、園の記録には園児が入園から卒園まで、どのように過ごしたのか、喜んだり、ケンカしたり、そのすべてが記されています。

　この梅干しと記録は、子どもたちにとって「自分が幼い頃からずっと大切にされてきたこと、見守られてきたこと」を実感することができる存在。それは、その子にとって自信につながり、大きな力になっているようです。

　子どもが大人になってから、自分が大事にされていた証を何か1つでも、渡してあげられるといいですね。

### 卒園児のみなさんからのレター

　私は成人を迎え、保育園の同窓会で久々に先生や友達に会いました。そして、0歳から6歳までの全記録と、14年前、6歳の自分たちが大切に漬けた、一粒の梅干しをもらいました。

　家に帰ってから、梅干しを口にしました。甘くてすっぱい味が口いっぱいに広がりました。この14年間、自分のやりたいことに向かい、泣いたり笑ったり怒ったりしてきました。梅干しはそれをじっと見守ってくれていたような味だった気がします。

　この日までずっと大切にしまっておいてくれた梅干し。私は、それをずっと忘れずに見守っていてくれた保育園の先生方に感謝しています。

　また、新たな目標に向かって進んでいきます。ずっと、ずっと、口に広がるこの味を忘れることなく……。

伊藤 沙弥香

梅干しづくりの様子。このときはまだ青い梅が時間とともに色づいていきます。子どもたちの成長と似ていますね。

　梅干しを漬けたことなんて、すっかり忘れてしまっていました。保育園の20歳の同窓会で自分たちが漬けた梅干しをいただき、その当時のことをなんとなく思い出しました。

　"写真があったはずだ"と思い、卒園アルバムを開くと、5歳の私とまだ真っ赤だった酸っぱそうな梅干しが写っていました。

　先日いただいた梅干しは、シワシワで、ちょっとしょっぱくて、写真の梅干しとは変わっていましたが、なぜかとても懐かしい味がしました。

小谷野 かれん

　20歳になって、もらった梅干しは本当においしくて、これまで食べたことのない深い味がしました。そして、先生たちがいつも、しつこいぐらいに「大好きだからねー」と言ってくださっていたのを思い出しました。

　また、当時の記録帳をいただいたのもうれしかったですね。そこには"泣かない子で、いつも笑ってる"と記されていて驚きました。それは今も周りから言われている自分の長所だったからです。改めて自分に自信を持つことができました。また、自分の短所も今と変わらなくて、"性格はあの頃につくられていたのだな"と実感しました。

　今、静岡の大学へ通っているのですが、記録帳はそばにあります。就職活動に向けて、この記録帳で自己分析をしながら、頑張っています。

梶野 翔

Part 2
親子で一緒に楽しめる
偏食解消レシピ

## はじめに 食べたくなる環境を整えよう

「三つ子の魂百まで」というように、幼児期は、生涯にわたって健康でいきいきとした生活を送るために必要な、"食を営む力"を培う重要な時期です。正しい食事のとり方や、望ましい食習慣を身につけていくためにも、まずは食べる環境を整えましょう。

### 人的な環境を整える

最近では、朝食の欠食など食習慣の乱れや、子どもが一人で食事をする"孤食"、家族がそろっていても一人ひとり違うメニューを食べるという"個食"が問題になっています。家族ができるだけそろった状態で、みんなで同じ食事を楽しむことが大切です。

また、家族がそろっていても、家族の団らんがテレビに占領されているご家庭も。食事は空腹を満たすだけでなく、人間的な信頼関係の基礎をつくる営みの場です。食事中は、テレビの電源を極力切るようにしましょう。

### 物理的な環境を整える

正しい姿勢で食べることで、食べたものをしっかり吸収することができます。足底が床につくと背筋が伸びて、姿勢が安定します。イスやテーブルは、子どもが食べやすい高さのものをチョイスしましょう。

#### ● 自分で選ぶ食器や食具

子どもたちは"自分で選ぶ"のが大好きです。自分で選んだ食器や食具を使うと、食事の楽しさが倍増します。お箸は、大人の都合で無理矢理はじめると、食べること自体が苦痛になってしまいますから、子どもの"使ってみたい"というタイミングに任せるようにしましょう。

#### ● "食べる合図"になるお手伝い

テーブルを拭いたり、食器や食具を運んだりするお手伝いは、子どもたちを"これから食事だ"という意識に切り替えてくれる重要な合図です。自分も手伝ったということが、これから運ばれてくる食事への期待感を高めてくれる効果もあります。

#### ● 「いただきます」「ごちそうさま」

食べものや、つくった人への感謝の気持ちを込めて、「いただきます」「ごちそうさま」の挨拶をしましょう。食べ終わったら、食器を片づけたり、イスを戻したりすることも大切な食事なマナーです。大人が見本を見せることで、子どもに良い習慣を身につけさせていきましょう。

お箸は、食事の時間外に練習しています。

お皿に入れた豆やスポンジをお箸でつまみ、別のお皿に移しかえるという遊びです。

# ひばりっこくらぶ保育園給食室の秘密

ひばりっこくらぶ園の子どもたちは、みんな給食が大好き。なぜなら、園の給食室には3つの秘密があるからです。

## 秘密1

1つ目の秘密は、匂い。匂いは子どもの食欲を刺激してくれます。特に人気が高いのは、ガーリックやカレー粉の匂いです。これらを使った献立のときには、遊んでいる子どもたちのところに、おいしい匂いが届くように意識しています。

匂いに反応して、「今日の給食はなあに?」と、給食室に来てくれる子もいます。"食べものの話をする"というのは、幼児期の食育で重要なことです。匂いをきっかけに、食材のこと、献立のことなど食にまつわる話をすることができます。

カレークッキングの様子。おいしい匂いは、食べることが大好きになるポイントです。

## 秘密2

2つ目の秘密は、シェフの装い。給食の時間には、栄養士たちがシェフの姿でビュッフェに並び、子どもたちに配膳しています。それまで遊びに夢中になっていた子どもたちの意識を給食に向かわせるには、気持ちの切り替えが必要です。

シェフの姿は、このきっかけの1つ。ご家庭で実践される場合には、ママがエプロンをつけることや、新聞などでつくったシェフの帽子をかぶることでも、子どもたちの気持ちを切り替えることができます。

「食べたいのはどれ?」シェフ姿の栄養士さんが子どもに自分で選ぶように促します。

## 秘密3

最後の秘密は、栄養士も子どもと一緒に給食を食べることです。「さっきの匂いは、このガーリックだよ」「寒い国の料理だから、食べると体が温まるよ」など、食事に関連したお話をしています。

さらに、子どもたちの食べる様子を観察することで、献立や調理法のヒントを得ることができます。好きな食材を増やしていくためにも、小さな試行錯誤を重ねていきましょう。

月に一回は、"世界の料理"を献立に。国ごとの料理を紹介し、食への関心を高めています。

# 親子で料理を楽しもう！

自分で頑張ってつくった料理の味は格別です。家族で一緒に料理して、つくる喜びを覚えましょう。

ひばりっこくらぶ保育園では、食育の一環として子どもたちに調理をさせています。調理実習も異年齢児で行っていて、年齢ごとに挑戦できる調理の内容が変わっていくのが特徴です。

こうすることで下の子は、"自分もお兄ちゃん（お姉ちゃん）になったら、あれができるんだ！"という憧れを持ち、上の子は"自分にはできる"という自信と"下の子につくってあげている"という喜びを感じることができるのだそうです。自宅でも、兄弟や親子で役割分担をしながら、一緒に料理をしてみましょう。

### 自宅で実践！

## 何歳からどんなお手伝いをさせればいいの？

まずは見ることから。いきなりやらせようとしても、興味が湧きません。お兄ちゃんやお姉ちゃん、ママがやっていることを見ることで右脳が刺激を受け、自分でもやってみたいという意欲につながっていきます。

お手伝いのはじめどきは、調理に興味を示したり、「やってみたい」という意思表示をしたときです。

### 1,2歳　お手伝いデビュー

まずはケーキの銀紙をはがす、ドレッシングを混ぜる、レタスをちぎる、ヘタを取る、先生がさやを開いてくれたそら豆の豆を取り出すなど、遊びの一環で簡単にはじめられることからスタートします。

お手伝いデビューはちぎったり混ぜたり。遊び感覚でまずは調理する楽しさを覚えます。

### 3,4歳　包丁デビュー！

さつまあげやちくわなど、やわらかいものを包丁で切ってみます。ママが手を添えて、声かけをしながら、切ってみてください。えのきを裂いたり、ハンバーグの形をつくったりという複雑な作業もこなせます。

切るのは順番。園では、自分の番がくるまでみんな並んで待っています。

### 5,6歳　フライパンデビュー！

フライパンを使って焼いたり、炒めたりする作業も、ママと一緒にチャレンジ！またママが見ていれば、手を添えなくても自分で食材を切ることができます。ニンジンや大根、タマネギなど、硬いものに挑戦しましょう。

「口に何かくわえてタマネギを切ると涙が出ない」と聞いたので実際にやってみました。

### 包丁や火の危険さは、きちんと伝える

　包丁を持たせるとき、火を使うとき、ママにとって気になるのは手を切ったり、ヤケドをしたりしないかどうか。また、"見ていない間に一人で包丁や火を使ってしまうのでは……"と、心配ですよね。

　保育の現場では、どうやってその危険性を伝えているのか、ひばりっこくらぶ保育園の久保田キャプテンに伺ってみました。

　「ひばりっこくらぶ保育園では、調理実習をする前に、みんなでそろって包丁や火の怖さを伝える時間を設けています。その際、必ず悪いお手本を見せるんです。たとえば、包丁の使い方を教えているときに『ここを触っちゃうとね』と言いながら包丁の刃を触るフリをして『ほら！ 指が切れたー！ 痛い！』って、大げさに演じてみせる。子どもたちは真剣に見ています。口で『危ないよ』と言っても、子どもたちには、具体的にどう危ないのかがイメージできないので、やってみせることが大切です」。

　危険なものを触ったらどうなるのか、まずはしっかり教えてから調理をはじめましょう。

楽しい実習を行う前には、栄養士さんや保育士さんから料理についてのお話があります。

どうやったら上手にできるのか？園児たちはそれぞれ考え、協力しながら調理をしています。

### 料理は段取りを覚える訓練

　料理は、指先を使うため、右脳の活性化につながりますし、段取りを覚える訓練になります。また、役割を与えることで責任感を持って自分の課題をこなす力をつけることができます。

　段取り力や責任感は、社会で生活していく中で、必要不可欠なものです。遊びの中で学ばせてあげられるといいですね。

### 声かけPOINT

　料理をしながら食材や調理について子どもとたくさん話をしましょう。「お手伝いをするとき、どんな声をかけたらいいのかわからない」というママのために、ひばりっこくらぶ保育園で、どんな声かけを行っているのかを伺い、親子料理レシピの中で紹介しています。ぜひ参考にしてみてください。

タマネギ切れるかなー？

### 子ども用の道具は必要？

　子ども用エプロンや包丁を、すべてそろえなくてはお手伝いができないというわけではありません。逆に、子ども用の包丁は手が切れにくい分、食材も切れにくいため、調理がうまくいかないこともあります。包丁はおうちにある小さめのものでも十分。よく切れる包丁を用意し、注意して使うようにしましょう。

## 親子料理レシピ

### 家族で一緒に飾りつけるのが楽しい！

# ロコモコ

大人2人分　子ども2人分

ひばりっこくらぶ保育園でも大人気の、ハワイアンどんぶり、ロコモコを家族みんなでつくりましょう。少々不格好になっても、自分で最後までつくってみることが大切です！ そして、自分でつくったものはちゃんと最後まで自分で食べる、という自覚を持たせましょう。

### 材料

ご飯…茶碗4杯
★ハンバーグ
　豚ひき肉…200g
　タマネギ…大1/2個
　パン粉…30g
　牛乳…大さじ4
　卵…1個
　塩・こしょう
★マカロニサラダ
　ニンジン…20g
　キュウリ…1/4本
　ハム…1枚
　マヨネーズ…大さじ2
★目玉焼き
　卵…4個
★ソース
　ケチャップ…大さじ2
　中濃ソース…大さじ1
　コンソメスープ…50cc
　砂糖…大さじ1

### つくり方

★ ハンバーグ
① タマネギはみじん切りにし、フライパンで炒める。
② 豚ひき肉をボウルに入れて、一定方向によく練り、塩・こしょうとパン粉、割りほぐした卵を加え、さらに粘りが出るまで練る。
③ ②を4等分にして丸め、小判型に形を整える。
④ フライパンを熱して油を引き、火が通るまで焼く。

★ マカロニサラダ
⑤ マカロニをゆで、ザルにあげて、オリーブオイルを振りかけておく。
⑥ ニンジンは皮をむいてから細切りに、キュウリは半月切りにする。ハムを食べやすい大きさに切る。
⑦ ⑤と⑥をマヨネーズで和える。

★ 目玉焼き
⑧ フライパンを火にかけて油を熱し、卵を割り入れる。フタをせずに、弱火で焼いていくと、黄味がトロトロの目玉焼きができる。
⑨ 鍋にケチャップ、ソース、コンソメスープ、砂糖をすべて加え、煮詰めて、ソースをつくる。

★ 盛りつける
⑩ どんぶりの中にご飯を入れて、ハンバーグ、マカロニサラダ、目玉焼きをのせ、最後にソースをかければ完成！

# 年齢別お手伝いレシピ  5,6歳児さん　3,4歳児さん　1,2歳児さん

## ハンバーグ　親子料理レシピ

声かけ「どっちが早く涙が出るかな？」

### 1 タマネギを切る

　5,6歳児さんは一人で切っても大丈夫！　目にしみるタマネギ切りに挑戦して食材の特徴を知るのも食育の1つです。細かいみじん切りが難しい場合は、子どもが刻んだものを、ママが隣で細かく刻んであげましょう。

5,6 切る　3,4 1,2 ひたすら見る

声かけ「タマネギの色が変わるまで混ぜてごらん。」

### 2 タマネギを炒める

　5,6歳児さんは、自分で切ったタマネギを、ママと一緒に炒めてみましょう。フライパンを熱して油を引くのはママの役目です。そこへ5,6歳児さんが刻んだタマネギを入れます。ママと一緒に菜箸かフライ返しを使って混ぜながら、タマネギがキツネ色になるまで炒めましょう。

5,6 炒める　3,4 1,2 ひたすら見る

声かけ「おだんごおだんご♪♪できるかな？」

### 3 ハンバーグを練る

　豚ひき肉をボウルに入れて、一定方向によく練り、塩・こしょう、炒めたタマネギとパン粉、割りほぐした卵を加え、さらに粘りが出るまで練ります。おだんごをつくる要領で声かけしましょう。みんなで順番にやってみましょう。

5,6 3,4 1,2 練る

## 4 みんなで混ぜて形を整える

よく練った種を四等分にして丸め、小判型に形を整えます。少々形が悪くても大丈夫！

**5,6** **3,4** **1,2** 練る、丸めて形を整える

## 5 ハンバーグを焼く！

最後にハンバーグを焼くのはやっぱり5,6歳児さんの役目です。1〜4歳児さんには「お兄ちゃん、お姉ちゃんになったら火が使えるんだよ」と教えます。フライパンを熱して油を引くのはママ。5,6歳児さんが、フライパンの上に、ハンバーグを並べて、火が通るまで焼きます。

**5,6** 焼く **3,4** **1,2** ひたすら見る

声かけ
お兄ちゃんになったら、ハンバーグが焼けるんだよ！

声かけ
色んな形のハンバーグができたね！

## ■ マカロニサラダ 親子料理レシピ

### 1 キュウリとハムを切る

3,4歳児さんでお手伝い経験がない場合は、やわらかいハムからはじめましょう。その次にキュウリに挑戦。ママが手を添えて一緒に切ってみましょう。

**5,6** 切る **3,4** ママと一緒に切る **1,2** ひたすら見る

### 2 ニンジンを切る

5,6歳児さんは、ピーラーでニンジンの皮をむき、一人で切ります。3,4歳児さんはママと一緒に切りましょう（包丁で皮をむく場合は、ママがむくようにしましょう）。

**5,6** 切る **3,4** ママと一緒に切る **1,2** ひたすら見る

声かけ
おててはクマさんみたいにまあるくね！

## 🎯 目玉焼き 親子料理レシピ

### 1 目玉焼きをつくる

フライパンを火にかけて油を引くのはママ。5,6歳児さんは卵を割ってみましょう。形が崩れても大丈夫！挑戦することが大切です。火を使うのは5歳ぐらいからが目安ですが、4歳ぐらいで興味を示す子どもには、まずは火を使っているところを見せてあげてください。何度かみせて、「やってみたい」と言うようなら、十分に火の危険性を伝えてから、お手伝いさせてみましょう。

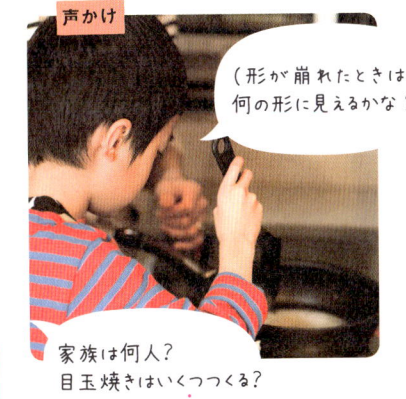

声かけ
（形が崩れたときは）何の形に見えるかな？

家族は何人？目玉焼きはいくつつくる？

数字の勉強になるよ！

[5,6] 焼く　[3,4]　[1,2] ひたすら見る

## 🎯 ロコモコ 親子料理レシピ

### 1 ソースをつくる

鍋にケチャップ、中濃ソース、コンソメスープ、砂糖を加えて煮詰めてソースをつくります。5,6歳児さんとママが一緒につくりましょう。

[5,6] ソースをつくる　[3,4]　[1,2] ひたすら見る

### 2 盛りつける

一人ひとり、ボウル皿にご飯を盛り、ハンバーグ、マカロニサラダ、目玉焼きを盛りつけます。一人でできないところはママが手伝ってあげましょう。最後にソースをかければ完成です。

[5,6]　[3,4]　[1,2] 盛りつける

## 🎯 完成！

できたよー！

**親子料理レシピ**

## クルクル巻いて揚げるだけの、簡単料理！

# 巻き揚げチーズ

大人2人分　子ども2人分

小食の子どもでもついつい手が伸びる、巻き揚げチーズ。折り紙や粘土で遊んでいるような感覚で、1,2歳児さんから親子でにつくれる一品です。スナック感覚で食べられるからおやつにもピッタリ！子どもが好む食材で、つくって食べる楽しさを体感させてあげましょう。

### 材料

プロセスチーズ…20g
ワンタンの皮…1袋（25枚程度）
揚げ油…適量
塩…適量

### つくり方

1. チーズを拍子木切りにする。
2. チーズをワンタンの皮で包み、皮の端に水を塗ってとめる。
3. 油を180℃に熱し、2 を入れて約1分揚げる。
4. 油をきり、軽く塩を振れば完成。

# 🎁 巻き揚げチーズ　親子料理レシピ

消防団が夜見回るときに"戸締り用心、火の用心"って言いながら鳴らす木のことを拍子木っていうんだよ。

声かけ

## 1 チーズを切る

3,4歳児さんはママと一緒に、5,6歳児さんは一人で切ってみましょう。このとき、ぜひ拍子木について説明をしてあげてください。雑学も子どもにとっては大切な勉強です。

**5,6** 切る　**3,4** ママと一緒に切る　**1,2** ひたすら見る

## 2 チーズをワンタンの皮で包む

1,2歳児さんは、チーズをワンタンの上に置いてみましょう。3,4歳児さん、5,6歳児さんは一人でチーズをワンタンの皮で包みます。クルクルと巻いて、端を水でとめましょう。キャンディのように端を巻いてもかわいらしくできます。5,6歳児さんは、最後にちゃんと全部皮がとまっているか確認しましょう！

**5,6** **3,4** 包む　**1,2** チーズをのせる

包み方

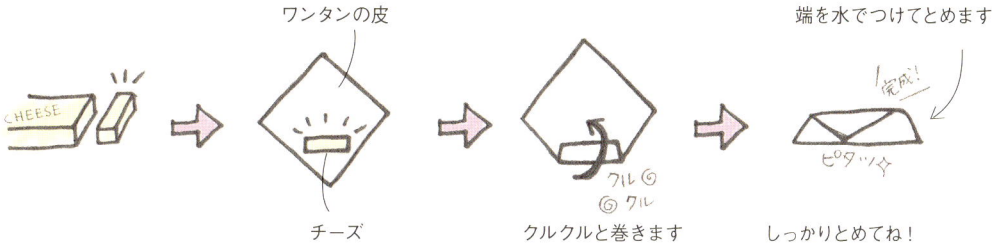

## 3 油で揚げる

ママは、180℃の油でチーズを包んだワンタンを約1分揚げます。「揚げものは小学生になったらできるよー」と、子どもたちには少し離れて見ているように促しましょう。油をきったら、巻き揚げチーズの完成！塩を最後に振りかけるのは5,6歳児さんの役目です！

**5,6** 塩を振りかける　**3,4** **1,2** ひたすら見る

親子料理レシピ

そら豆を取り出す楽しさが、
食べる楽しさにもつながります！

## そら豆のホクホクサラダ

大人2人分　子ども2人分

そら豆を取り出したり、包丁でニンジンを切ったり、ジャガイモをつぶしたり……。年齢別にみんなで調理できるサラダレシピです。マヨネーズで和えるので食感もまろやかになり食べやすくなります。また、そら豆を取り出す際に数を数えることで、料理をしながら、数字の勉強にもなります。

### 材料

そら豆…15さや
ジャガイモ…中1個
ニンジン…中1/6本
ホールコーン（缶）…1/4カップ
マヨネーズ…大さじ2
塩…ひとつまみ

### つくり方

❶ そら豆をさやから取り出す。
❷ 鍋に水を入れて沸騰させ、塩をひとつまみ加えてから、1 を入れて2,3分ゆでる。ゆであがったら水気をきる。
❸ ジャガイモは芽をとって皮をむいてから適当な大きさに切り、水からゆでる。ゆであがったら鍋のお湯を捨て、から煎りして水気を飛ばす。鍋から取り出して、軽くつぶす。
❹ ニンジンは皮をむき、さいの目切りにして、水からゆでる。ゆであがったら水気をきる。
❺ ボウルに 2 ～ 4 を入れてホールコーンとマヨネーズ、塩で和える。

# そら豆のホクホクサラダ　親子料理レシピ

声かけ
数字の勉強になるよ！
ひと〜つ、ふた〜つ

声かけ
出たー！何が出た？

## 1 そら豆を取り出す

　そら豆を取り出すのは1,2歳児さんのお仕事！さやを割るのはパパやママに手伝ってもらいましょう。1つ、2つ、とみんなで数えながら取り出せば、数字の勉強にもなります。5,6歳児さんはママと一緒に水の入った鍋を火にかけ、塩をひとつまみ加えてから、そら豆を加えて、2,3分ゆでます。ゆであがったら水気をきりましょう。

[5,6] ゆでる　[3,4] 数を数える　[1,2] そら豆を取り出す

さいの目っていうのは、サイコロの数字のことなんだよ。

## 2 ニンジンを切る

　ニンジンは5,6歳児さんがピーラーで皮をむき、一人でさいの目切りにしてみましょう 3,4歳児さんはママと一緒に切ります。切ったニンジンは、5,6歳児さんが水を入れた鍋に入れて、ママが火にかけて、水からゆでます（ニンジンの皮を包丁でむくときはママがむくようにしましょう）。

[5,6] 切る、ゆでる　[3,4] ママと一緒に切る　[1,2] ひたすら見る

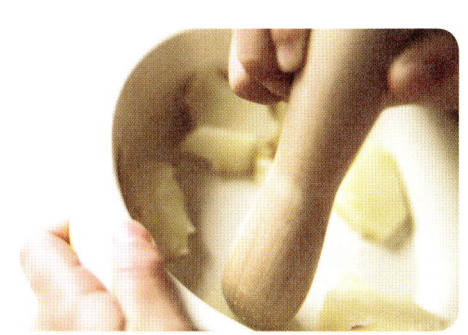

## 3 ジャガイモをつぶす

　ジャガイモはママが芽を取り除いてから、5,6歳児さんがピーラーで皮をむき、適当な大きさに切ります。鍋に水を入れてジャガイモを入れてゆでます。ゆであがったら、ママが鍋のお湯を捨ててから煎りし、水気を飛ばしてボウルに取ります。5,6歳児さん、3,4歳児さんでマッシャーやすりこぎで粗くつぶします。

[5,6] 切る、ゆでる、つぶす　[3,4] ママと一緒に切る、つぶす　[1,2] ひたすら見る

## 4 和える

　ママに下ゆでしてもらったそら豆を、ボウルに入れて、ゆでたニンジンと粗くつぶしたジャガイモを加え、ホールコーンとマヨネーズ、塩を入れて和えます。みんなで順番に、混ぜ合わせましょう。

[5,6]　[3,4]　[1,2] 和える

親子料理レシピ

## みんなで楽しくつくる、お好み焼き

### 洋風お好み焼き

大人2人分　子ども2人分

大好きな食材もちょっぴり苦手な食材も、混ぜ合わせてお好み焼きにすれば食べられることも。ウインナーやタマネギ、ピーマンが入った洋風のお好み焼きです。できあがったらマヨネーズとケチャップで好きな絵を描いて、つくる楽しみを覚えましょう。

#### 材料

- 薄力粉…150g
- 卵…2個
- 牛乳…170cc
- 塩…少々
- ウインナー…5本
- タマネギ…1/2個
- ピーマン…2個
- 油…少々
- ケチャップ…大さじ1と1/2
- 中濃ソース…大さじ1/2
- マヨネーズ…適量

#### つくり方

1. ウインナーは輪切り、タマネギ、ピーマンはせん切りにして炒める。
2. 薄力粉に1と牛乳、割りほぐした卵を加えて軽く混ぜる。
3. ホットプレートまたはフライパンを熱し油を引き、2を入れて伸ばし、両面を焼く。
4. ケチャップと中濃ソースを混ぜ合わせる。
5. 焼きあがった3をお皿にとり、4を塗る。
6. マヨネーズをかける。

## 洋風お好み焼き 親子料理レシピ

声かけ
薄く切れるかな？

声かけ
おててはくまさんね。

### 1 チーズを切る

5,6歳児さんはタマネギやピーマンを一人で切ってみましょう。やわらかいウインナーは3,4歳児さんがママと一緒に挑戦します。

|5,6| 切る　|3,4| ママと一緒に切る　|1,2| ひたすら見る

### 2 混ぜる

ボウルに薄力粉を入れ、切ったウインナー、タマネギ、ピーマンと牛乳、割りほぐした卵を加えて軽く混ぜます。混ぜるのは1,2歳児さんから！ ママと一緒に挑戦してみましょう。

|5,6| |3,4| |1,2| 混ぜる

### 3 焼く

ママがフライパンを熱して油を引き、5,6歳児さんに2の生地を流し込ませます。このとき一人で流し込むのが難しいときは、ママが手を添えて手伝ってあげましょう。片面が焼けたらフライ返しを使って、ひっくり返すことにも挑戦しましょう！

|5,6| 焼く　|3,4| |1,2| ひたすら見る

### 4 マヨネーズをかける

お好み焼きが焼きあがったら、それぞれ自分のお好み焼きにマヨネーズで絵を描いてみましょう。

|5,6| |3,4| |1,2| マヨネーズをかける

親子料理レシピ

トッピングが楽しい、手づくりピザ！

## かんたんピザ

18cm×2枚分

生地づくりから親子で挑戦！ 自分たちの食べたいものをトッピングして、焼きあげたピザの味は格別です！ トマトピューレとチーズの味で、野菜の苦みや匂いをカバーしてくれます。苦手な野菜も、ちょっとだけトッピングするようにママが促してみましょう。

### 材料

★ピザ生地
- 薄力粉…140g
- 小麦粉…60g
- ベーキングパウダー…10g
- 牛乳…70cc

★トマトピューレ
- トマト…中3～4個
- タマネギ…中1/4個
- ニンジン…中1/5本
- ニンニク…1片
- オリーブオイル…12g
- 砂糖…1.5g
- 塩…適量

★トッピング
- ゆで卵…1個
- タマネギ…中1/2個
- ピーマン…1/2個
- ハム…3枚
- マッシュルーム…3個
- ホールコーン(缶)…大さじ2
- ピザ用チーズ…適量

### つくり方

★トマトピューレ
1. トマトのヘタを取り、熱湯にくぐらせたあと、冷水に取って湯むきする。
2. タマネギ、皮をむいたニンジン、ニンニクをみじん切りにする。
3. 鍋を火にかけ、オリーブオイルとニンニクを入れ、焦がさないように香りが出るまで炒める。
4. 3にニンジンとタマネギを加えて、タマネギがキツネ色になるまで炒める。
5. 4にトマト、砂糖、塩を加え、強火にし、沸騰したら弱火にして、フタをして煮る。
6. 野菜がやわらかくなったら、ミキサーにかけて鍋に戻し、弱火で半分の量になるまで煮詰める。

★ピザ
1. 強力粉、薄力粉、ベーキングパウダーは合わせてボウルにふるっておく。
2. 1に牛乳を少しずつ混ぜながらよくこねる。
3. 2をめん棒で薄く伸ばす。
4. 3にトマトピューレを塗る。
5. 好きな具をトッピングして、上からピザ用チーズをかける。
6. 180℃のオーブンで、約7分焼く。

 MEMO　トマトピューレは、パスタのトマトソースにもなります。

## かんたんピザ　親子料理レシピ

### 1 トマトピューレをつくる

トマトピューレは左ページの手順に添ってママがつくっておきましょう。市販のピザソースでも代用できます。

### 2 具材を切る

トッピングの具材をつくります。3,4歳児さんは、ハムを一口大、マッシュルームをスライスしましょう。5,6歳児はタマネギ切りに挑戦！　またピーマンを輪切りにします。

| 5,6 | 切る | 3,4 | ママと一緒に切る | 1,2 | ひたすら見る |

### 3 ゆで卵を切る

3,4歳児さんはゆで卵の殻をむき、スライサーで切ります。

| 5,6 | | 3,4 | ゆで卵の殻をむき、スライサーで切る | 1,2 | ひたすら見る |

### 4 生地を練る

強力粉、薄力粉、ベーキングパウダーを合わせてボウルにふるい、牛乳を加えながら、よく練ります。みんなで順番にやってみましょう。

| 5,6 | 3,4 | 1,2 | 練る |

声かけ
色んな色を
のせてみようね。

## 5 トッピングする

めん棒で薄く伸ばした生地にトマトピューレを塗り、みんなで好きな具をトッピングします。めん棒で生地を伸ばすのは5,6歳児さんの役目です。

**5,6** めん棒で生地を伸ばす トッピング　　**3,4** **1,2** トッピング

## 6 チーズをかける

自分でトッピングしたピザに、ピザ用チーズをかけます。1,2歳児さんも挑戦してみましょう。

**5,6** **3,4** **1,2** チーズをかける

## 7 オーブンで焼く

180℃のオーブンで、約7分焼いたらできあがり！ オーブンを扱うのはママの役目です。

## ❏ 完成！

COLUMN

## 異年齢教育から学べること

　ひばりっこくらぶ保育園では、年齢ごとに横に分けたグループではなく、縦に分けたグループ、"異年齢教育"を行っています。

　兄弟、姉妹のいらっしゃる方は子ども時代を振り返ってみてほしいのですが、下の子どもは上の子よりも何でも覚えるのが早かったり、要領が良かったりしませんでしたか？

　下の子は、上の子どもが叱られている姿を見て、「ああ、こういうことをすると怒られるんだな」と学習したり、自分のできないことができる上の子に憧れたり……。上の子だった人も、親戚や近所に年上の子どもがいれば、同じように憧れ、学習した記憶があるのではないでしょうか？

　大家族が核家族になったことで、異世代と過ごす時間が少なくなり、"年齢とともに到来するできごと"について知る機会も減りました。このような中で、未来を設計することは、大人にとっても難しいもの。その年齢に達してはじめて焦ることになります。

　大家族では、日常生活の中で自然と行われていた異年齢教育。ひばりっこくらぶ保育園では、"現代の異年齢教育を担う場として、保育園が大家族の代わりになれたら"と考えているそうです。

　園では、年少・年中・年長組だけでなく、0歳から調理保育に参加しています。小さな子どもにとって"年上の子が挑戦する姿を見ること"は、何よりの学習です。自分たちにとって"未知の世界"に挑戦する年上の子どもに憧れ、"自分もいつか……"と思う気持ちが子どもの成長に欠かせないのです。

　年上の子どもは、園での生活や遊びの中で、小さな子どもたちの世話をします。それまで甘えん坊だった子どもも、急にお兄さん、お姉さんの顔に。それぞれ年上の子どもが自分にしてくれた通りにお世話をすることに、一生懸命です。"お世話"を通し、子どもたちの他人をいたわる心や自立心が育っていきます。

　子ども同士だからこそ学べることは、たくさんあります。

ひばりっこくらぶ保育園のお昼寝の様子。
年長さんが年少さんを寝かしつけます。

手をふいてあげたり、食べさせてあげたり……。
給食のときも年長さんが年少さんの世話をします。

# 大皿レシピで、家族バイキングをしよう！

大皿料理を並べて、家族みんなでバイキングをしましょう。
自分で取りわける楽しさと、おかわりをする楽しさが、偏食解消へとつながります。

## 自宅で家族バイキングをしよう

　偏食や小食の一番の薬は、楽しく食べること。パスタやグラタンなど、大好きなお料理を大皿でつくって、レストランのバイキングのように順番に並べ、みんなで取りわけてみましょう。たったこれだけで、日常の食事がイベントに大変身！

　自分が取った料理をちゃんと完食することが大切ですから、家族バイキングをするときは、取り皿は小さめのものを使いましょう。そして、全部食べ終わったら、おかわりをする楽しさを経験させてあげましょう。

### 自分で取ったものは自分で食べるというルールをつくりましょう

　バイキングをするときに、パパやママ、兄弟が楽しそうに取り分けていると、嫌いなものでも"僕も、食べてみようかな""私も、ちょっとだけ取ろうかな"と思うもの。場の楽しそうな雰囲気も偏食を解消する大切な要素なのです。

　ここで、大切なのは、"自分で取ったものは自分で責任を持って食べる"ということ。「自分で取ったものはちゃんと全部食べるんだよ」と、最初にみんなで、"お約束"することが大切です。

自分で取ったものは
自分で食べるんだよー。
どれ食べる？

声かけ

### バイキングメニューで、おかわりデビューをしましょう

　バイキングの醍醐味はおかわりをすることです。

　小さめの取り皿を用意して、何度でも、おかわりの体験をさせてあげてください。

　その際、「たくさん食べられるようになったんだね」「嫌いだった○○も取ってきたんだね」と、声をかけてあげることで、おかわりがより楽しく感じられるようになります。

ちょっと味見、ももちろんOKです！
楽しく食べることが大切。

1,2歳児さんはパパやママが手伝って
あげましょう。

食欲の落ちやすい夏に最適なメニュー！

# サマースパゲッティ

大人2人分　子ども2人分

夏の暑さに負けない、体力をつける冷製スパゲッティです。ニンニクが食欲をそそります。トマトが嫌いな子どもでも、小さく切ってツナと混ぜ合わせると、食感はまろやかになり、酸味もカバーされるので、食べやすくなります。大皿に盛りつけると見た目も鮮やか。食欲増進してくれる一品です！

## 材料

スパゲッティ…150g
ツナ缶…80g（1缶）
トマト…大1個
ニンニク…適量
パセリ…適量
オリーブオイル…適量
塩…適量

## つくり方

1. パスタ鍋、または大きめの鍋に水を入れて火にかけ、沸騰したら、オリーブオイルと塩を入れてから、スパゲッティを入れてゆでる。
2. ①を冷水に取って冷まし、オリーブオイルを振りかけてよく絡ませておく。
3. トマトは1cm角に切り、ツナは油をきって、よくほぐしておく。
4. スパゲッティに③を入れ、すりおろしたニンニクとみじん切りのパセリを加えて混ぜ、塩、オリーブオイルで味を調える。

 隠し味にしょうゆを加えるとよりおいしくなります！

**大皿レシピ**

## 肉や野菜も、甘めの煮汁で食べやすく

# ポークビーンズ

大人2人分　子ども2人分

肉のパサつきが苦手な子どもでも、甘めの煮汁で煮込んだポークビーンズなら食べられることも。大豆やニンジンの食感や味も、コトコト煮込めば気にならなくなります。忙しいときや手間を省きたいときは、大豆の水煮を使うと簡単につくれるので、ぜひ試してみてください。

### 材料

- 大豆…100g（水煮でもOK）
- 豚もも肉…180g
- ニンジン…中1/2本
- タマネギ…中1個
- 油…適量
- コンソメの素…固形1個
- 水…1/2カップ

**A**
- ケチャップ…大さじ4
- 砂糖…大さじ1
- 塩・こしょう…適量

### つくり方

1. 大豆は一晩水に浸しておく。
2. 鍋に水と大豆を入れて火にかけて、煮立ったら一度ゆでこぼし、やわらかくなるまで煮る（大豆の水煮を使う際は、1 と 2 を省く）。
3. 豚もも肉は一口大に切る。皮をむいたニンジンはさいの目切りに、タマネギは小さく切っておく。
4. 鍋を火にかけて油を熱し、3 を入れて炒める。
5. 2（または大豆の水煮）と、コンソメの素、水を加えて煮込む。
6. 野菜が煮えたらAを入れて味を調える。

Part2

**大皿レシピ**

バターとミートソースでジューシーに
ホワイトソースを使わないグラタン

## カボチャのグラタン

大人2人分　子ども2人分

ホワイトソースを使わないグラタンです。バターと絡めて、ミートソースをかけることで、カボチャの食感をカバーします。大きなグラタン皿から取り分ける楽しみも、食べる意欲につながります。ポテトやブロッコリー、アスパラなど、色々な野菜でつくれるので、苦手な野菜を使ってぜひ試してみてください。

### 材料

- カボチャ…1/2個
- バター…20g
- 豚ひき肉…120g
- タマネギ…中1/2個
- 油…適量
- 塩・こしょう…少々
- 薄力粉…大さじ1
- 水…50g
- ピザ用チーズ…適量

### つくり方

1. カボチャは適当な大きさに切る。鍋に水を入れて、沸騰したら、カボチャを入れてやわらかくなるまで煮る。湯をきって、マッシャーやすりこぎなどで、粗くつぶす。
2. バターを電子レンジに10秒かけて溶かし、1にかけ、混ぜ合わせる。
3. タマネギはみじん切りにする。
4. フライパン（または鍋）を熱して油を引き、豚ひき肉、タマネギに火が通るまで炒め、薄力粉を加えてさらに炒める。
5. 4に水とケチャップ、塩・こしょうを加える。
6. グラタン皿に2を入れて、5をその上からかけるようにして入れる。ピザ用チーズをのせて、200℃のオーブンで8〜10分、焼き加減を見ながら焼く。

**MEMO** お弁当用にする場合は、ホイルケースに入れて焼くとキレイに仕上がります。

## 大皿レシピ
### ゴマ油が香ばしい！
### 辛くない麻婆豆腐は園でも人気

## 麻婆豆腐

大人2人分　子ども2人分

豆板醤などを使わない優しい味の麻婆豆腐は、大人が食べても楽しめる新鮮な味わい。ニンジンやシイタケ、長ネギなど、みじん切りにして甘いタレで煮込むので、野菜の味や食感も気にならず、食べられるようになることも多いようです。ぜひ、チャレンジしてみてください。

### 材料

- 木綿豆腐…250g（約2/3丁）
- 豚ひき肉…80g
- ニンジン…中1/3本
- シイタケ…中1本
- 長ネギ…3/4本
- ゴマ油…大さじ1強
- 鶏ガラスープの素…固形1個
- 水…1/2カップ
- 砂糖…大さじ1強
- みそ…小さじ2
- しょうゆ…小さじ2強
- 塩…少々
- 水溶き片栗粉…大さじ2

### つくり方

1. 木綿豆腐は水きりをし、1cm角に切る。
2. 皮をむいたニンジン、いしづきを取ったシイタケ、長ネギはみじん切りにしておく。
3. 鍋に水を入れて沸騰したら、鶏ガラスープの素を入れて、スープをつくる。
4. 中華鍋（または、鍋かフライパン）を熱してゴマ油を引き、豚ひき肉、ニンジン、シイタケ、長ネギの順番に入れて炒め、火が通ったら3と砂糖、みそ、しょうゆ、塩で味をつける。
5. 3に1を入れて煮込み、火が通ったら水で溶いた片栗粉をまわし入れる。

## 料理の基本をおさらいしよう

### ▪▪▪ 切り方編

　野菜を切るときに「これは短冊切り。短冊っていうのはね……」というように、名前の由来などを子どもに教えることで、形の勉強にもなります。一度、簡単におさらいしておきましょう。

■ 輪切り

■ 半月切り
半月の形に見えます。

■ イチョウ切り
イチョウの葉っぱに似ています。

■ みじん切り

■ ななめ切り

■ せん切り

■ 短冊切り
七夕の短冊に似ています。

■ 拍子木切り
柱のように四角柱です。

■ 乱切り

■ くし型切り
櫛（くし）の形に似ています。

■ ザク切り

■ 小口切り

■ ささがき
笹の形に似ています。

■ 白髪ネギ
白髪のように見えます。

■ さいの目切り
サイコロの形のように見えます。

## 調理器具、調理法編

包丁の各部の名前や計量器の使い方など、意外と忘れている調理の方法もおさらいしておきましょう！

### 包丁

**真ん中**
最もよく使う部分です。ほとんどの食材はこの部分で切ります。

**刃先**
包丁目を入れたり、そぎ切りしたりするときに使います。

**刃元**
ジャガイモの芽をえぐり取るときなどに使います。

**ミネ**
肉をたたいたり、ゴボウの皮をこそぎ取るときに使います。

### 軽量カップ

**1カップ**
200cc（200ml）

### 軽量スプーン

**大(小)さじ1**
スプーンに山ほどすくってから、ヘラやスプーンの柄ですりきり、平らにします。

**大(小)さじ1強**
大さじ1より気持ち多めの量です。

**大(小)さじ1弱**
大さじ1より気持ち少なめの量です。

**大(小)さじ1/2**
スプーンの縁まで平らに入れて、ヘラやスプーンの柄で半分量を取り除きます。液体の場合、スプーンの高さの2/3くらいまで入れます。

### 手ばかり

**少々**
中指と人差し指で軽くつまんだ量です。

**ひとつまみ**
親指と人差し指、中指の3本の指でつまんだ量です。

COLUMN

## おかわりデビューしよう！

### ちょっと少なめに盛りつけて完食の達成感を！

　ひばりっこくらぶ保育園では異年齢保育を行っています。給食も年の違う子と一緒に、バイキング形式でいただきます。

　栄養士さんは、順番に子どもたちに料理を取り分けます。その際、食べたいものを聞きながら、食べられる量よりも少なめに盛りつけるといいます。これは、子どもたちに「全部食べられた！」という達成感を味わってもらうためです。たくさん盛りつけて「食べなさい」と言うよりも、少しの量を完食するほうが偏食や小食解消に効果があるといいます。ご家庭でもぜひ試してみてください。

### ひばりっこ保育園名物、おかわりデビュー

　ひばりっこくらぶ保育園に通う園児の名物イベントに"おかわりデビュー"があります。完食してピッカピカになったお皿を見せながら「おかわり！」と言うときの子どもの顔は満足げです。

　また、小さな子どもたちはお兄ちゃんお姉ちゃんの「おかわり！」を毎日目にします。おかわりをしたことがない子どもにとって「おかわり！」のひとことは憧れであり、1つの目標になっているのです。

　自宅でも、パパや兄弟がおかわりする様子を、幼い頃から見せてあげられるといいですね。

「おかわり！」はみんなの憧れです。

バイキングでは、お片づけももちろんセルフサービスです。

## おかわりデビューの日

　はじめは「おかわり！」が憧れでしかなかった年少さんたちも、少しずつ食べられる量が増えていき、やがて、完食できるようになります。そして、「おかわり！」に挑戦する日がやってきます。
　これが"おかわりデビュー"です。
　おかわりデビューをするために越えなくてはならないのは"完食"だけではありません。
　園では、配膳係のシェフ（栄養士）に、自分で「○○をください」と自分が食べたいものを、自分で伝えなくてはなりません。はじめておかわりをする子にとって、これはなかなか難しい課題です。自分が欲しいものをうまく伝えられなくて「どれをおかわりするの？これ？それともこれ？」と栄養士さんが指をさしたときについうなずいてしまい、好きではないものをもらってきてしまうことも……。
　でも、これもよい経験です。
　肩をがっくりと落として自分の席に戻ってきた子どもには、待っていた保育士さんが「あれ？　○○くん（ちゃん）の欲しかったのは○○じゃなかったの？」と声かけをします。
　「うん」と小さくうなずく子どもに「そうか、○○がほしかったのに、違うものをもらっちゃったんだね。でも、それを食べてしまわないと、もう一度○○をもらいにいけないよ？　どうする？」と選択肢を与えながら尋ねます。
　すると、たいていの子どもは頑張って、お皿の上のものを全部食べてから、再びおかわりにチャレンジするのです。それぐらい、子どもにとって"おかわり"は挑戦しがいあるものなのです。

## おかわりデビューは貴重な成功体験

　園児が"おかわりデビュー"にチャレンジしている間、保育士さんも栄養士さんも、内心ドキドキしています。"今度は上手に言えるかな？"と、心はその子に釘付けになりながらも、大人たちの注目が子どもの挑戦の妨げにならないように配慮して、心の中で応援しています。

　「○○のおかわりくーださい！」

　はじめての"おかわり成功"に子どもは誇らしげです。そして保育士さんたちもみんなで大喜びです。
　やり遂げたという気持ちが、子どもたちの自信につながっていきます。
　おかわりデビューは、子どもたちにとって大切な成功体験の1つ。小さな成功体験の積み重ねが、人生を自分の力で歩んでいく力になっていくのです。

完食ができた、おかわりができた、という経験は、自信につながり、"食べることは楽しい"と思えるようにもなります。

## Part 3

### 食べてみたくなる、きっかけレシピ

**イベントレシピ**

# おやつパーティをしよう！

偏食解消の第一歩は、食べる楽しみを子どもに伝えることから……。
保育園のおやつレシピを使った、おやつパーティを自宅で開いてみましょう。

　保育園の給食やおやつには、ご家庭にはない楽しさがあります。それは、お友達とみんなで一緒に食べること。また、仲良しさんが食べているものはおいしそうに見えて「僕も！」と挑戦してみたくなるものです。食べてくれないものを無理に食べさせようと頑張るのではなく、まずは食べる楽しさを子どもに伝えられる場をつくりましょう。

　また、一緒におやつをつくったり、折り紙でお部屋を飾ったり、新聞紙で洋服をつくったりするだけで、子どもたちにとっては一大イベントになります！

　ママ友達との気軽なお茶会の延長で、おやつパーティを開いてみませんか？

## 新聞紙や包装紙を使って、服をつくってみよう！

子どもたちは工作が大好き。新聞紙やデパートの包装紙などを使って、服やエプロンをつくってみましょう。それだけでも、子どもたちにとっては一大イベントです！ みんなで一緒につくって、パーティをして、食を楽しむ時間をつくりましょう。

一緒にやってみよう！

平林茂樹先生

### 服
（新聞紙の場合は、先に半分の大きさに切っておきます）

1  新聞紙（包装紙）を半分に折ります。
一緒にペッタンペッタンしてね

2  さらにもう半分に折ります。
ほら、もう一回ペッタンするよ

3  襟になる部分を写真のように切ります。
チョキチョキするよ

4  袖になる部分を写真のように切ります。
もう一回チョキチョキするよ

5  四つ折にした新聞紙を切ったところです。
こんな風になったよ

6  開けば……ほら、できあがり！
できたよー。着てみるのはだーれだ

### エプロン
（新聞紙の場合は、先に半分の大きさに切っておきます）

1 新聞紙（包装紙）の真ん中に折り目をつけてから切ります。

2 片方の新聞紙（包装紙）を、写真のように折ります。

3 手前から6,7cmのところを写真のように折ります。さらに一回折ります。

4 さらに半分に折り、細長くします。

4 もう一方の新聞紙（包装紙）を絵のように折り、台形にします。

5 写真のようにして 5 に 4 を重ねます。

6 4を5に巻きつけるようにして2,3回折るとできあがり。

完成

### 挑戦してみました！

ママたちがお菓子づくりをしている間、子どもたちは洋服づくりに挑戦です。
ひばりっこくらぶ保育園の保育士さんに教えてもらった新聞の洋服に、折り紙で模様づくり。切ったり貼ったり、みんな真剣！

**イベントレシピ**

## 簡単！偏食・小食解消 おやつパーティメニュー

### りんごとチーズのカップケーキ　　大人2人分　子ども2人分

**材料**

薄力粉…100g　　スキムミルク…8g
ベーキングパウダー…4g　　水…50cc
バター…30g　　リンゴ…70g
砂糖…30g　　プロセスチーズ…35g
卵…1個

**つくり方**

1. 薄力粉、ベーキングパウダーは合わせてふるっておく。
2. バターは常温でやわらかくしておく。
3. 皮をむいたリンゴとチーズはさいの目切りにする。
4. 卵を割りほぐし、スキムミルクは水で溶いておく。
5. ②と砂糖を混ぜ合わせて練り、④①③の順番に混ぜ合わせる。
6. カップケーキ型に⑤を入れ、170℃に温めたオーブンで20分程度焼く。竹串を刺して、生地がついてこなければ完成。

**MEMO**　スキムミルクは牛乳でも代用できます。

### こめ粉ニンジンクッキー　　大人2人分　子ども2人分

**材料**

上新粉…120g　　砂糖…30g
ニンジン…80g　　卵…1個
マーガリン…20g　　塩…ひとつまみ
バター…13g

**つくり方**

1. ニンジンは皮をむいてすりおろしておく。
2. 常温でやわらかくしておいたバターを、マーガリンと一緒に混ぜ合わせて練り、砂糖を加えてすり混ぜる。
3. ②に割りほぐした卵と塩、①を加えてよく混ぜ合わせる。さらに、上新粉を2〜3回に分けて加え、サックリと混ぜ合わせる。
4. 直径4cmぐらいの円柱状に成形し、ラップに包んで冷蔵庫で30分ほど休ませる。
5. ④を5,6mmの厚さに切り、180℃に熱したオーブンで15〜20分焼く。

ニンジン食べれたよ！

**イベントレシピ**

## 新鮮野菜とみそマヨネーズで、見た目もカラフル！

### 野菜スティック & みそディップ

大人2人分　子ども2人分

#### 材料

キュウリ、セロリ、ニンジン、
大根、パプリカなど好みの野菜…適量

**A**
- みそ…大さじ2
- マヨネーズ…大さじ5
- すりゴマ…適量

#### つくり方

1. 好みの野菜をスティック状に切り、ラップをかけて冷蔵庫で冷やしておく。
2. Aを混ぜ合わせてみそディップをつくる。

**MEMO** セロリやニンジンなど繊維の多いものは、少し斜めに切ると、繊維が切れるので、子どもでも食べやすくなります。

切ったり、飾ったり……。子どもたちと一緒につくれば、さらに楽しく食べられます！

### パーティを開いてみました！

**体験者の感想**

　帰りの車の中で、息子が「楽しかった！」と何度も言っていました。自分でつくったり、人と集まって食べたりすることで、食への関心が高くなるようです。自宅でも試してみようと思います。

井戸川亜津奈さん

## COLUMN

## "服育"について考えてみよう

### 外遊びのときには、汚れが気にならない服装を

　ひばりっこくらぶ保育園のキャプテン、久保田ひろ子先生は、園を設立する際に、今の時代に必要な保育内容を考えてみたと言います。その1つが"服育"です。かわいらしい洋服を来てくる園児さんが増えるにつれ、「洋服が汚れるから外遊びはしたくない」というお子さんも増えたのだそうです。でも、子どもの発育のためには、外で元気に遊ぶことが大切。そこで園では衣服の貸し出しを行っています。

### 自分で衣服を選べる楽しさと大切さを

　登園してきた子どもたちは、園の服に着替えています。園の服といっても、制服ではなくて私服。色々な種類を用意して、子どもたち自身に選ばせます。コーディネートを考えたり、お友達とペアルックにしてみたり、子どもたちはとても楽しそうです。洋服が汚れたら、新しいものに着替えます。次第に自分が着る衣服を自分で考えて身につける習慣がついてきます。これが服育です。

### TPOに合わせた服装を

　卒園生の中には、フォーマルな場にジーンズをはいてくる子どももいます。どんなに高価なジーンズでもジーンズは作業着。園では、フォーマルな場にはふさわしくないということを伝えています。
　園の服の中には、ドレスやタキシードも用意していますが、いつでも着られるわけではありません。お誕生日の子だけが着ることができる特別な衣装です。そうすることで、誕生日の特別感を出す効果があるだけでなく、特別なときには特別な衣装を着ることを学んでいます。

お弁当
レシピ

# お弁当を持って、外に出かけよう！

外で食べるお弁当は、それだけで、子どもにとって特別なイベントです。
お弁当を持って、近くの公園にお散歩に出かけてみましょう。

　自宅で、"子どもがなかなかご飯を食べてくれない""偏食が改善しない"というときは、お弁当を持って、外に出かけるのも1つの方法です。環境が変わることで目先が変わり、食べられなかったものが食べられるようになることもあります。

　出かける場所は特別な場所でなくてもかまいません。近くの公園など、無理のない範囲で出かけてみましょう。時間があるときは少し歩いてお腹をすかせると、より食べてくれる確率も上がります。

　また、お弁当を持って外に出ることは、ママにとっても気分を変えるよい時間となります。子どもと一緒にリフレッシュしてみませんか？

　このパートでは、ひばりっこくらぶ保育園のレシピをお弁当バージョンで紹介。盛りつけにこだわらなくても、入れるだけでおいしそうに見えるお弁当箱を活用して、偏食解消お弁当生活をはじめましょう。

### ひばりっこくらぶ保育園のお弁当箱を使った食育

バイキング形式でお弁当箱に自分で詰めます。

自分で詰めたお弁当を外でみんなと一緒に食べます。

## お弁当レシピ
# 子ども好みの炊き込みご飯と、
## レバーの立田揚げのお弁当

子ども好みの味に仕上げた炊き込みご飯に、雑穀米をプラス。レバーは、立田揚げにすれば臭みも気にならず、香ばしくて食べやすくなります。彩り鮮やかなサラダを添えて、見た目も楽しく！ 鉄分が豊富なお弁当なので、体力をつけたいときなどにぜひつくってあげてください。

## 鶏めし 雑穀米入り

大人2人分
子ども2人分

### 材料（1合）

米…1カップ
雑穀米…10g
鶏もも肉…30g
シイタケ…中1/2枚
ニンジン…中1/6本
水…1カップ

A
しょうゆ…小さじ1
塩…小さじ1/2
酒…小さじ1
みりん…小さじ1
白炒りゴマ…適量

### つくり方

1. 鶏もも肉は一口大に切り、いしづきを取ったシイタケと皮をむいたニンジンはせん切りにする。
2. お米を研ぎ、雑穀米を合わせる。
3. 炊飯器に1と2を入れ、水1カップを加え、Aを入れて軽く混ぜてから炊く。
4. 炊き上がったら、白炒りゴマを振りかけ、混ぜ合わせる。

**MEMO** 雑穀米をプラスすることで鉄分などの摂取量がアップします！ 色々な種類のものが市販されています。好みのものを選びましょう。

## レバーの立田揚げ

大人2人分
子ども2人分

### 材料

豚レバー…400g
塩…ふたつまみ
しょうゆ…大さじ2弱
しょうがのしぼり汁…適量
片栗粉…適量
揚げ油…適量

### つくり方

1. ボウルに水をたっぷりて、入れ塩をふたつまみ加え、その中にレバーを入れて揉む。血で水が汚れてきたら、そのつど新しい塩水に入れ替えてしばらく揉む。血で水が汚れてこなくなったらレバーを取り出し、黄色い脂肪の部分を取り除き、まな板の上で一口大に切る。
2. しょうゆとしょうがのしぼり汁をボウルに入れて混ぜ合わせ、キッチンペーパーで水気を取り除いた1を漬ける。
3. 2の水気をきり、片栗粉をまぶす。
4. 170℃の油で揚げる。

**MEMO** レバーの血抜きをしっかりすれば、臭みも気にならず、おいしく食べられます。

## マセドアンサラダ

大人2人分
子ども2人分

### 材料

ジャガイモ…大1個
ニンジン…中1/3本
キュウリ…1/2本
セロリ…1/3本
マヨネーズ…大さじ3（好みで調整）
塩・こしょう…少々

### つくり方

1. 芽を取って皮をむいたジャガイモと、皮をむいたニンジンは1cmぐらいの角切りにしてゆで、水気をきり、冷ましておく。
2. セロリは筋を取って細かく切り、ゆでてから水気をきって冷ましておく。
3. キュウリは1cm幅のイチョウ切りにする。
4. 1～3をボウルに入れて、マヨネーズと塩・こしょうで和える。

★一段にした場合★

**ちょっとひと手間** 丸いおにぎりにして、海苔を巻くと食べやすくなります。

**お弁当レシピ**

## タンドリーチキンは、保育園でも大人気！
## ひじきご飯で栄養をプラス

タンドリーチキンは簡単につくれて、ひばりっこくらぶ保育園でもおかわり続出の人気メニューです。冷めてもおいしいので、お弁当にも最適。鶏肉のパサパサ感が苦手な子も、パクパクと食べてくれます。夕飯に出しても喜ばれる一品ですのでぜひつくってみてください。

## ひじきご飯

大人2人分
子ども2人分

### 材料

ご飯…4膳
乾燥ひじき…10g
ニンジン…中1/3本
油…少々
だし汁…150cc
砂糖…大さじ1と1/2
しょうゆ…大さじ2
グリーンピース30g（冷凍を利用してもOK）

### つくり方

❶ ご飯を炊いておく。
❷ 干しひじきは30分程度水で戻し、水洗いをして砂利やゴミを落としておく。
❸ ニンジンは皮をむいて、細切りにする。
❹ 鍋に水を入れ、煮立ったら塩を少々加えてから、グリーンピースを入れ、ゆでる（冷凍の場合は、自然解凍したあと、軽くゆでる）。
❺ 熱したフライパンに油を引き、❸を炒め、火が通ったら❷とだし汁、砂糖を加えてひと煮立ちさせる。
❻ ❺にしょうゆを加え、弱火で煮汁がなくなるまで煮る。仕上げに❹を加える。
❼ 炊きあがったご飯に❺を加えて混ぜ合わせる。

★一段にした場合★

**ちょっとひと手間**

味つけ海苔をハサミで切ってハートや星をつくってのせるだけでかわいらしくなります。

## タンドリーチキン

大人2人分
子ども2人分

### 材料

鶏もも肉…250g
塩・こしょう…適量
A
　カレー粉…適量
　パプリカ粉…適量
　塩…小さじ1/5
　ケチャップ…大さじ1強
　プレーンヨーグルト…大さじ2と1/2
　しょうがのしぼり汁…小さじ1/5
　おろしニンニク…少々

### つくり方

❶ Aを混ぜ合わせてつけダレをつくる。
❷ 鶏もも肉を一口大に切り、塩・こしょうを振ってからAに20分漬ける。
❸ 200℃のオーブンで15分焼く。

**MEMO** カレー粉の分量は、好みで調整してください。

## 白菜サラダ

大人2人分
子ども2人分

### 材料

白菜…2.5枚
ニンジン…中1/2本
A
　油…大さじ2
　酢…小さじ2
　しょうゆ…小さじ1強

### つくり方

❶ 白菜はせん切りにして熱湯でさっとゆでる。ニンジンは皮をむいてから、せん切りにして水からしっかりゆでる。
❷ Aを混ぜ合わせてドレッシングをつくり、水気をきったAを入れて和える。

**お弁当レシピ**

## さっぱりした梅ゴマご飯は夏にピッタリ！
## 鮭のもみじ焼きは夕飯にも

鮭のもみじ焼きは、鮭の上にニンジンとマヨネーズのソースがかかった料理です。ニンジン特有の味がマヨネーズで緩和されているので、ニンジンが苦手な子どもの最初のひとくちにつくってみましょう。魚のパサパサ感が苦手な子どもにも、食べやすい一品です。

## 梅ゴマご飯

大人2人分
子ども2人分

### 材料

ご飯…4膳
カリカリ梅…20g
白炒りゴマ…小さじ1

### つくり方

1. カリカリ梅を細かく刻む。
2. ご飯をボウルに入れて、1と白炒りゴマを混ぜ合わせる。

**MEMO** 夕食としても、おにぎりにしてもおいしくいただけます。

## 鮭のもみじ焼き

大人2人分
子ども2人分

### 材料

鮭…4切れ
塩…少々
薄力粉…少々
バター…20g
ニンジン…中2/3本
マヨネーズ…大さじ3
しょうゆ…小さじ2/3

### つくり方

1. 鮭に塩を振っておく。
2. 皮をむいたニンジンを適当な大きさに切り、水からゆでる。やわらかくなったらミキサーにかけてなめらかにする（ミキサーがなければ裏ごししたり、つぶしたりしてもOK）。
3. 2にマヨネーズとしょうゆを入れて混ぜる。
4. 1に薄力粉をまぶし、オーブンの天板にクッキングシートを敷いて並べる。
5. 180℃に温めたオーブンに4を入れて焼き色がつくまで焼く。
6. 焼き色がついたら一度取り出し、電子レンジで溶かしたバターを上からかける。
7. 6に3のソースをかけ、再度180℃のオーブンで焼き色がつくまで焼く。

★一段にした場合★

**ちょっとひと手間**
丸いおにぎりにして海苔を巻くと食べやすくなります。

## キャベツのゴマ和え

大人2人分
子ども2人分

### 材料

キャベツ…1/6個
ニンジン…中1/3本

**A**
白すりゴマ…大さじ1
砂糖…小さじ2
しょうゆ…小さじ1と1/2

### つくり方

1. キャベツと皮をむいたニンジンはせん切りにする。
2. 1を軽く下ゆでし、水気をきる。
3. Aを混ぜ合わせて調味料をつくる。
4. 2と3を混ぜ合わせる。

**MEMO** Aの調味料を使って、冷蔵庫にあまっている野菜で色々なゴマ和えがつくれるので試してみてください。

## お弁当レシピ
# 小食の子も大喜びで食べてくれる、ブレッドオムレツのお弁当

小食の子どもやタマネギが苦手な子どもにぜひ試してほしいお弁当です。ケチャップの絵は、子どもと一緒に描くことで、食べる意欲も増します。また、カボチャのバター煮も、甘くて子ども向けなので、カボチャ嫌いな子どもにはもちろん、おやつの代わりにつくってみるのもいいですね。

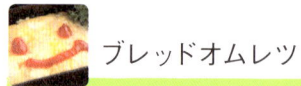

### ブレッドオムレツ

大人2人分
子ども2人分

#### 材料

サンドイッチ用のパン…2枚
牛乳…120cc
ベーコン…60g
タマネギ…中1/2個
卵…4個
塩・こしょう…少々
油…小さじ2
ケチャップ…適量

#### つくり方

❶ サンドイッチ用のパンを1cm角に切る。
❷ ベーコンは1cm幅に切り、タマネギはみじん切りにして炒めておく。
❸ ❶と❷を混ぜ合わせる。
❹ ボウルに卵を割りほぐし、牛乳を加え、塩・こしょうを加える。
❺ フライパンに油を引き、❹を流し入れ弱火にする。卵液が半熟状になったら半面に❸をのせて、反対側の卵をかぶせる。
❻ 形を整えて、お弁当箱に盛りつけ、ケチャップで絵を描く。

## カボチャのバター煮

大人2人分
子ども2人分

### 材料

カボチャ…1/2個
バター…25g
砂糖…大さじ3
塩…少々
水…適量

### つくり方

① カボチャは皮の痛んでいる部分を取り除き、食べやすい大きさに切る。
② 鍋を熱してバターを溶かし、①を入れ、砂糖と塩、ひたひたに浸かるぐらいの水を加えて、弱火でやわらかくなるまで煮る。

★一段にした場合★

---

# O157への滅菌、抗菌効果が立証された、ママ考案、竹粉配合のお弁当箱！

　このパートで使用したお弁当箱は、ママのアイデアをもとにして、ママクリエイターが開発に携わったものです。乳幼児にも安心な竹粉配合のプラスチックを使用。抗菌力が高く、O157や黄色ブドウ菌を90％以上抗菌・滅菌することが確認されています（日本食品分析センター検査済み）。竹粉の効果で食品が腐りにくく、カビが発生しづらいので、幼稚園へ持っていくお弁当箱にも最適です。

　それぞれ単独で持ち歩けるので、フルーツや袋菓子などを持ち歩くときに便利です。

**ラベンダー（MireyHIROKIバージョン）**
アーティスト MireyHIROKI によるお花のデザイン

**ペパーミント（五十嵐晃バージョン）**
墨絵画家・五十嵐晃による優しいタッチのデザイン

2,500円（税別）
製造元／ユニオン産業
WEBショップ／http://www.plugged-shop.com/

**小容器（写真右）**
袋菓子、フルーツやサラダの持ち歩きに便利。

**中容器（写真左）**
離乳食が混ぜやすいように片側がラウンドになっています。

**小容器（写真右）**
100mlで、3歳児が一回に食べるご飯の量（目安）です。

**中容器（写真左）**
120mlで、5歳児が一回に食べるご飯の量（目安）です。

**大容器**
220ml。これ1つで幼児のお弁当箱として最適な大きさです。片側のラウンドは子どもにも持ちやすくなっています。

農園レシピ

# 見て、触って、五感で食材に触れよう！

近年は、野菜がどうやって育つのか、魚がどうやって切り身になるのか、知らない子どもがたくさんいます。野菜を育てたり、魚をおろしたりして、食材に触れる機会をつくりましょう。

### 魚の解体ショー

ひばりっこくらぶ保育園では、サンマやアジの解体ショーを行っています。おろすのは栄養士さんですが、子どもたちにとっては生きている魚に触れる良い機会です。水族館で見る魚ではなく、食べる魚はどんな形をしていて、どんな風に調理されるのか……スーパーに並んだ切り身のパックからは、わからないことを知ることができます。自宅でも、ときには、魚をおろす機会をつくってみましょう。

サンマを手づかみする園の子たち。

### 野菜を育てる

ひばりっこくらぶ保育園の園庭には菜園があります。ピーマンやトマト、サツマイモ、オクラ、ニンジンなど、季節ごとにたくさんの野菜を育てています。ベランダでプランターを利用して、ちょっとした野菜を育ててみましょう。

種をまくところから、収穫するところまで、手間ひまかけて育てていくことで、食材がテーブルにのぼるまでに、どれだけ時間がかかるのかを知ることができ、食べものを残さずに大切に食べようという気持ちも芽生えます。

サツマイモの苗を植えているところ。

### つくった野菜を食べる

園で収穫した野菜は、みんなで調理して食べます。あまり人気のない食材も、自分たちの畑で収穫したことで親近感が湧き、"食べてみよう"という気持ちになるようです。食べてみると"あ、おいしい！"と感じる子どもも少なくありません。

みんなでオクラを収穫。

オクラの"ネバネバ"を体験するのも食育の1つ。

## 自分で野菜を育てよう！

　自分でつくった料理をおいしく感じるのと同じように、自分で手間ひまをかけて育てた野菜だと食べる喜びは格別です。
　さらに、最近はどの野菜も年中スーパーに並んでいるため、季節の旬を感じにくくなりました。自分で種をまき、育てることで「トマトは夏に食べられる」というように、日本の四季や旬を感じることができます。
　また、スーパーでは曲がったり、大きさがバラバラの野菜をあまり見かけませんが、自分たちでつくると、野菜は本来不ぞろいだということがわかります。これも貴重な体験です。
　ひばりっこくらぶ保育園では、食育の一環として野菜を育てています。野菜を育てることで、水やりや草取りなどを通じて責任感を育てることができるといいます。
　また、土の匂いをかいだり、触ったりという行為は五感を発達させるだけでなく、気持ちを安定させてくれる効果があるのだそうです。

ひばりっこくらぶ保育園で収穫した野菜たち。

自分たちで育てたピーマンは特別！

### 育てやすい野菜

**ラディッシュ（二十日大根）**

　マンションのベランダに置いたプランターでも育てやすく、短期間で収穫できるのではじめて栽培する人にはおすすめ。「園児たちのラディッシュは生存競争が激しいんですよ。間引きすぎたり、ついつい抜いちゃったりする子がいるので（笑）」とひばりっこくらぶ保育園主任保育士の松浦先生。そう、上手に育てることよりも、育てる楽しさを実感することのほうが大切です！

土から野菜を堀り起こすのは大切な経験。

### 収穫したら野菜の絵を描いてみよう

　自分で収穫した野菜には愛情が湧きます。野菜嫌いさんでも野菜に興味を抱くようになります。そして、収穫したら、野菜の絵を描いてみましょう。見て、触って、匂いをかいで、よく観察しながら描くことで「茎に毛が生えてる」「土の匂いがするね」というように、今まで気づかなかったことに気づくこともできます。

観察することで野菜への興味が育ちます。

# 農園レシピ 家庭菜園で育てた野菜をみんなで食べよう！

苦みのある野菜も、カレーにトッピングをすれば食べられる！

　家庭菜園でつくった野菜を収穫したら、子どもに調理をさせてみましょう。感性が豊かな子どものうちに、育てる、収穫する、調理する、食べる、までをすべて体験させてあげたいものです。

　最近はグリーンカーテンとしてゴーヤを栽培しているご家庭も多いようですが、ゴーヤやピーマンなど、苦みのある野菜が苦手な子どもは少なくありません。

　そこで、苦手野菜を食べる第一歩としても試してほしいのが、カレートッピングです。ウインナーやコーンに、自家菜園でつくった野菜を小さく切ってトッピング皿を用意したら、子どもに自分でトッピングさせてみましょう！

　赤、黄色、緑で色をつける楽しさも手伝って、ゴーヤやピーマンも「食べてみよう」と思えてきます。また、カレーなら、野菜の苦みを緩和してくれるのでまずは克服の第一歩として試してみましょう「食べられた！」という経験をさせてあげることが大切です。

「野菜も食べられたよー」。

## 農園レシピ

# 大人でもおいしく食べられる、辛くないカレー

大人2人分
子ども2人分

バターの旨みを凝縮させたカレーは、子どもでも、大人でも楽しめる深い味。「辛くなくって、おいしい！」と大評判の一品です。カレーの中にもたくさん野菜が入っていますが、トッピングすることで楽しみながらさらにたくさんの野菜を食べることができます。

### 材料

豚もも肉…200g
ニンジン…中1本
ジャガイモ…中4個
タマネギ…中2個
油…適量
水…1500cc
コンソメの素…固形3個

薄力粉…1カップ
カレー粉…少々
バター…100g
牛乳…150cc
ケチャップ…大さじ2
中濃ソース…大さじ2
塩…少々

### トッピングする場合

ゴーヤ、ピーマン、ナス、ウインナーなどは、軽く炒めます。オクラは軽くゆでます。色んな野菜をトッピングして、カラフルに。食べるのが楽しくなります。

野菜やコーン、ウインナーの色を使って、お花や顔などを描いてみましょう。

### つくり方

1. 豚もも肉、皮をむいたニンジン、芽を取って皮をむいたジャガイモ、タマネギを一口大に切る。
2. 熱した鍋に油を引いて豚もも肉を炒め、ある程度火が通ったらタマネギ、ニンジンを入れて軽く炒める。
3. 2の鍋に水を入れ、煮立ったらコンソメの素を加え、火にかけて煮込む。火が通ったらジャガイモを加えてさらに10分煮込む。
4. フライパンに薄力粉を入れて弱火でよく混ぜながらから炒りし、ほんのり色がついたらカレー粉を加え、さらに茶色くなるまで炒る。
5. 別の鍋を中火で熱し、バターを溶かし、4をザルで振るいながら加えてバターとよく混ぜ合わせる。
6. 5に少しずつ牛乳を加えてよく練る。
7. 3に6を入れてよく溶かし、ケチャップとソースを加えて塩で味を調える。
8. ルーや野菜がなじむまで煮込む。

**MEMO** お好みで砂糖を加えるとさらに子どもが食べやすい味になります。

## ◎ 観光農園などを活用して収穫を体験

　パパもママも忙しくて家庭菜園をするのが難しい場合も、観光農園や母子支援施設などが行っているイモ掘りや、ミカン狩りなどに参加することで、様々な野菜やフルーツの収穫を体験することができます！

土をいじると気持ちが安定します。

収穫も、年齢の違う子どもたちが一緒に行います。

野菜がどうやって実をつけるのか、土の中でどう育ったのか、収穫を通じて子どもたちは多くのことを学びます。

## 農園レシピ 収穫したサツマイモでおやつをつくろう！

### 黒砂糖の大学芋　　大人2人分　子ども2人分

**材料**

サツマイモ…中2個　　しょうゆ…小さじ1/2
揚げ油…適量　　　　　水…大さじ1/2
黒砂糖…大さじ1　　　白炒りゴマ…小さじ1

**つくり方**

① サツマイモはよく洗い、乱切りにして水にさらす。
② ①の水気をきり、クッキングペーパーなどでサツマイモの表面の水分を十分に取り除く。180℃に熱した油で4,5分揚げる。
③ 鍋に黒砂糖、しょうゆ、水を入れて、火にかけ煮詰め、黒蜜をつくる。
④ 油をきった②に③蜜を絡め、炒った白ゴマを振りかける。

### かんたん焼き芋　　大人2人分　子ども2人分

**材料**

サツマイモ…中4個
塩…少々

**つくり方**

① よく洗ったサツマイモをアルミホイルで包む。
② 160℃に熱したオーブンに天板をのせて30～60分焼く。
③ 好みによって塩を振りかける。

Part 4

苦手克服レシピ

## 苦手克服レシピ　野菜編

# ナスのグラタン

大人2人分　子ども2人分

ミートソースとチーズでナスの食感をカバー

**これが苦手な子に**

豚肉が苦手な子にも

**バリエーション**

ナス以外に、ジャガイモやカボチャでもおいしくつくれます！

**材料**

ナス…4本
バター…20g
豚ひき肉…90g
タマネギ…中1/2個
油…適量
塩・こしょう…少々
薄力粉…大さじ1
水…50g
ケチャップ…50g
ピザ用チーズ…適量

**つくり方**

❶ ナスは1.5cm角に切って水にさらし、タマネギはみじん切りにしておく。
❷ フライパンを熱してバターを入れ、ナスをバターで炒めて取り出す。
❸ フライパンに油を熱して、豚ひき肉とタマネギを炒める。
❹ ❸に薄力粉を加えてさらに炒め、水とケチャップを入れ、塩・こしょうで味を調える。
❺ グラタン皿に❷と❹を入れ、ピザ用チーズを盛りつけて200℃のオーブンで8〜10分焼く。

## ナスとピーマンのみそ炒め

大人2人分　子ども2人分

みそとしょうゆで香ばしく

これが苦手な子に

### 材料

ナス…2本
ピーマン…2個

**A**
油…大さじ1
赤みそ…小さじ1
砂糖…小さじ1と1/2
しょうゆ…適量

### つくり方

1. ナスは3,4mmの拍子木切りにし、水にさらしてアク抜きをする。ピーマンはせん切りにする。
2. 熱したフライパンに油を入れ、ナスを加えて強火で炒める。さらにピーマンを加えて軽く炒めたら**A**を入れて、全体を炒め合わせる。

## ピーマンの当座煮

大人2人分　子ども2人分

ゴマ油の香りで食欲増進！

これが苦手な子に

### 材料

ピーマン…5個
ニンジン…中1/2本
ゴマ油…小さじ1

**A**
しょうゆ…小さじ1強
酒…小さじ1と1/2
みりん…小さじ1強

### つくり方

1. ピーマン、皮をむいたニンジンは3,4cmの長さのせん切りにする。
2. フライパンを熱してゴマ油を引き、ニンジン、ピーマンの順番で炒める。
3. 火が通ったら、**A**の調味料を加えて、味が染み込むまで煮る。

# 苦手克服レシピ　野菜編

## ホイコーロー

大人2人分　子ども2人分

ピーマンが苦手な子には赤ピーマンから挑戦

これが苦手な子に

豚肉が苦手な子にも

### 材料

| | |
|---|---|
| キャベツ…1/2玉 | 油…適量 |
| 豚もも肉（スライス）…200g | 赤みそ…大さじ1 |
| 赤ピーマン | 酒…大さじ2 |
| （赤パプリカでもOK）…中1/2個 | しょうゆ…小さじ2 |
| 長ネギ…1本 | 砂糖…小さじ2 |
| ニンニク…2片 | 水溶き片栗粉… |
| しょうが…1片 | 　小さじ2 |

### つくり方

1. キャベツは3cm、赤ピーマンは1cm幅くらいの短冊切りにする。
2. 豚もも肉は2cm幅に切る。
3. 長ネギ、ニンニク、しょうがはみじん切りにしておく。
4. 赤みそ、酒、しょうゆ、砂糖、片栗粉を混ぜ合わせておく。
5. フライパンに油を引き、②と③を炒め合わせ、①を加えてさらに炒める。
6. 火が通ったら④を加えて味を調え、水溶き片栗粉でとろみをつける。

**MEMO** 子どもが赤パプリカや赤ピーマンが食べられたら、緑色のピーマンを少しずつ足して食べさせてみましょう。

## 海苔和え

大人2人分　子ども2人分

海苔の風味で苦手野菜も食べやすく

これが苦手な子に

海苔が苦手な子にも

### 材料

ホウレンソウ…1/2束  
モヤシ…1/3袋  
ニンジン…中1/6本  
焼き海苔…1/3枚  
しょうゆ…小さじ1/3

### つくり方

1. ホウレンソウは束のままゆでてから水気をしぼり、根を切り2cm幅に切る。
2. ニンジンは皮をむいてからせん切りにし、ゆでてから水気をきっておく。モヤシはさっとゆでてから水をきり、3,4cmほどに切ってさらに、水気をしぼる。
3. ①と②に、刻んだ海苔を加えて混ぜ合わせ、しょうゆで味をつける。

## レンコンのサラダ

大人2人分　子ども2人分

ツナマヨネーズで和えてレンコンのえぐみをカバー

これが苦手な子に

魚が苦手な子にも

### 材料

レンコン…300g
砂糖…大さじ2弱
酢…大さじ1
キュウリ…2/3本
塩…少々
ツナ（缶）…40g
マヨネーズ…90g
白すりゴマ…20g

### つくり方

① 砂糖と酢を混ぜ合わせて甘酢をつくる。
② レンコンは3mmほどのイチョウ切りにし、水からゆで、沸騰したら水をきり、熱いうちに①を加える。
③ キュウリは半月切りにして塩を振っておく。20分ほど置いてから水気をしぼる。
④ ツナは油をきり、ほぐしておく。
⑤ 水気をきった①②と③をボウルに入れ、マヨネーズと白すりゴマを和える。

## かきたま汁

大人2人分　子ども2人分

卵の甘さととろみで、食感をまろやかに

これが苦手な子に

卵が苦手な子にも

### 材料

ニンジン…中1/2本
長ネギ…中1/2本
卵…Lサイズ1個
片栗粉…大さじ1
だし汁…1200cc
塩…小さじ1
しょうゆ…小さじ2

### つくり方

① ニンジンは皮をむいてせん切りに、長ネギは小口切りにする。
② 卵は割りほぐしておく。
③ だし汁にニンジンを入れて煮立て、火が通ったら長ネギを加え、塩・しょうゆで味を調える。
④ ③に水で溶いた片栗粉を加えてよく混ぜ、とろみをつける。
⑤ ④の汁をかき混ぜながら②を少しずつ注ぎ入れ、ひと煮立ちさせたら火を止める。

苦手克服レシピ　野菜編

# せんべい汁

大人2人分　子ども2人分

大好きなせんべいと一緒になら苦手野菜も食べられる

**これが苦手な子に**

鶏肉、シイタケやしらたきが苦手な子にも

本場のせんべい汁には白い南部せんべいが使われています。岩手県や青森県の郷土料理です。

## 材料

鶏もも肉…50g
ニンジン…中1/2本
ゴボウ…1/2本
シイタケ…5枚
しらたき…400g
キャベツ…1/4個
ネギ…1/2本
せんべい（南部せんべい）…4枚
しょうゆ…大さじ1強
塩…ひとつまみ
みりん…小さじ1
昆布…適量
かつお節…適量
水…1,200cc

## つくり方

❶ 鶏もも肉は細切り、ニンジンは皮をむいてイチョウ切り、ネギはななめ切り、キャベツはザク切りにする。シイタケはいしづきを取りスライスし、ゴボウは皮を旬のミネでこそげとり、ささがきにする。しらたきは3cmほどに切り、南部せんべいは手で割る。

❷ 鍋に水を入れて、汚れを拭き取った昆布を入れる。火にかけ、沸騰してきたら弱火にしてアクをすくう。

❸ ❷に差し水をして温度を下げてから、かつお節を入れる。沸騰したら30秒ほど煮出してから、❷の昆布を取り出し、キッチンペーパーでかつお節をこす。

❹ ❸に❶を、鶏もも肉、シイタケ、ニンジン、ゴボウ、しらたき、キャベツ、ネギの順番に入れて、火が通ったらしょうゆ、みりん、塩で味をつける。

❺ 割っておいたせんべいを❹に入れて煮込み、やや芯が残る硬さになれば完成。

## しょうゆフレンチ

大人2人分　子ども2人分

苦手野菜は酢じょうゆで風味を変えてみる

これが苦手な子に

### 材料

キャベツ…4枚
キュウリ…3/4本
セロリ…1/3本
A
　油…大さじ2
　酢…小さじ2強
　しょうゆ…大さじ1/2

### つくり方

① キャベツとセロリはせん切りにして下ゆでする。
② キュウリはせん切りする。
③ Aを混ぜ合わせてドレッシングをつくり、水気をきった①と②を和える。


## 豚肉のすき焼き風煮

大人2人分　子ども2人分

甘辛い味つけで、野菜を食べやすい味に

これが苦手な子に

豚肉、しらたき、えのきが苦手な子にも

### 材料

豚肉…100g
なると…1/4本
しらたき…50g
タマネギ…中1個
白菜…1/8玉
えのき…1/2株
長ネギ…中1/2本
ニンジン…中1/4本

A
しょうゆ…大さじ2
みりん…大さじ1
砂糖…大さじ1と1/2
だし汁…300cc

### つくり方

① 豚肉は食べやすい大きさに切る。なるとは輪切りにし、タマネギはくし形切り、白菜はそぎ切りにする。えのきは1/2の長さに切り、長ネギはななめ切りにする。しらたきは湯通しをしてから食べやすい長さに切る。
② 鍋にAを入れてから火にかけて煮立てる。
③ ②に豚肉を入れて煮込み、さらに、他の野菜を入れてから火が通るまで煮込む。
④ 全体に味が染み込んだら、なるとを加え、味を調える。

# 苦手克服レシピ 野菜編

## 白菜とベーコンのミルク煮

大人2人分 子ども2人分

白菜の繊維や匂いもミルク煮で食べやすく

### 材料

| | |
|---|---|
| 白菜…1/8玉 | コンソメの素…1個 |
| ベーコン…50g | 水溶き片栗粉…大さじ2 |
| コーン(缶)50g | 塩・こしょう…少々 |
| スキムミルク…40g | |
| 水…450cc | |

### つくり方

1. 白菜は短冊切りにし、ベーコンは食べやすい大きさに切る。
2. 鍋に①とベーコン、コーンを入れて水300ccを加え、やわらかくなるまで煮る。
3. ②に水150ccで溶いたスキムミルクを加える。
4. コンソメ、塩・こしょうで味を整える。
5. 水溶き片栗粉でとろみをつけたら完成。

**これが苦手な子に**
コーン、ベーコンが苦手な子にも

**バリエーション**
ニンジンやタマネギを一緒に煮てもおいしくいただけます。

## 五目豆

大人2人分 子ども2人分

たくさんの野菜と一緒に煮込めば苦手野菜も食べられる

### 材料

| | |
|---|---|
| 大豆…40g | 水…125cc |
| 鶏もも肉…60g | **A** |
| ニンジン…中1/4本 | 砂糖…大さじ3 |
| ゴボウ…1/4本 | 塩…ひとつまみ |
| 油揚げ…1/2枚 | しょうゆ…小さじ2 |
| 板こんにゃく1/4枚 | みりん…小さじ2 |
| 油…適量 | |

### つくり方

1. 一晩水につけておいた大豆を、鍋に入れ、水を加える。沸騰しはじめたら差し水をし、再び沸騰しはじめたらアクを取る。
2. 沸騰したら一度ゆでこぼし(お湯を捨てて新しく水を入れる)、再度火にかけて沸騰したら、何度か差し水をしながらやわらかくなるまでゆでる。
3. 鶏もも肉は一口大、皮をむいたニンジンはイチョウ切りに、包丁のミネで皮をこそぎ取ったゴボウをななめ切りにする。油揚げと板こんにゃくは細かく切っておく。
4. 鍋を熱して油を引き、鶏もも肉を炒めてから②と③を入れて、水とAを加え、やわらかくなるまで弱火で煮る。

**これが苦手な子に**
鶏肉、こんにゃくが苦手な子にも

## 水菜の塩焼きそば

大人2人分　子ども2人分

ひと味違う、焼きそばで野菜もおいしく

これが苦手な子に

豚肉が苦手な子にも

### 材料

| | |
|---|---|
| 蒸し中華麺…4玉 | 水菜…80g |
| 豚もも肉…50g | 水…30cc |
| ニンジン…中1/2本 | 桜エビ…少々 |
| タマネギ…中1/2個 | 白炒りゴマ…少々 |
| 油…少々 | |
| 塩・こしょう…少々 | |
| 鶏ガラスープの素…少々 | |

### つくり方

① 皮をむいたニンジン、タマネギはせん切りにし、水菜はザク切りにする。
② 熱した中華鍋、またはフライパンに油を引き、豚もも肉を炒め、ニンジンとタマネギを加えて炒める。
③ ②に塩・こしょう、鶏ガラスープの素を加える。
④ ③に水菜と蒸し中華麺と水を加えてさらに炒め合わせる。
⑤ 桜エビと白炒りゴマを加えて混ぜ合わせれば完成！

## 夕焼けご飯

大人2人分　子ども2人分

ニンジン嫌いさんの最初の"ひとくち"に

これが苦手な子に

### 材料

米…2カップ
水…2カップ
ニンジン…中1/3本
A
　酒…大さじ2
　しょうゆ…小さじ1と1/2
　塩…少々

### つくり方

① 米を研いでおく。
② ニンジンは、皮をむいてすりおろしておく。
③ 炊飯器に①と②とAを入れて、よく混ぜ合わせてから炊飯する。

## 苦手克服レシピ　野菜編

## 芋ようかん

大人2人分　子ども2人分

サツマイモのパサつきも寒天でカバー

これが苦手な子に

**MEMO**　スキムミルクは牛乳でも代用できます。

### 材料
- サツマイモ…280g
- スキムミルク…22g
- 砂糖…大さじ4
- 粉寒天…1.1g
- 水…110cc
- 塩…0.5g

### つくり方
1. サツマイモは皮をむいて輪切りにし、水にさらしてからゆでる。
2. ①がやわらかくなったら湯を捨てて火にかけ、弱火で水気を飛ばし、マッシャーでつぶす。
3. ②が熱いうちに砂糖を加え、水10ccで溶いたスキムミルクを加えてよく練り、塩を加える。
4. 鍋に粉寒天と水100ccを入れて火にかけ、弱火で沸騰するまで混ぜながら溶かす。
5. ③と④を混ぜ合わせて弱火でよく練る。
6. ⑤を型に流し、粗熱を取り、冷蔵庫で冷やす。

## チヂミ風おやき

大人2人分　子ども2人分

香ばしさが食欲をそそる、おやつにも最適な一品

これが苦手な子に
豚肉が苦手な子にも

**MEMO**　アルミ型でつくるとお弁当などに入れやすくなります。

### 材料
- ニラ…40g
- 豚ひき肉…40g
- コーン（缶）…50g

**A**
- 薄力粉…50g
- 上新粉…50g
- 卵…1個
- しょうゆ…小さじ1
- 塩…小さじ1/3
- 水…60cc

**B**
- ゴマ油…小さじ1
- しょうゆ…小さじ1と1/2
- 砂糖…小さじ1

### つくり方
1. ニラは1cm幅に切る。
2. ボウルに①と豚ひき肉、コーンを入れる。そこにAを加え、よく混ぜ合わせる。
3. ②を器に流し入れる。
4. 180℃のオーブンで10〜15分ほど焼く。
5. 焼き上がった④の表面にハケで混ぜ合わせたBを塗る。

## ワカメご飯

大人2人分　子ども2人分

混ぜご飯なら苦手な食材も食べられる

これが苦手な子に

ワカメ、しらす干しが苦手な子にも

### 材料

ご飯…4膳
ニンジン…中1/3本
油…適量
生ワカメ…20g
しらす干し…30g

A
だし汁…100cc
砂糖…大さじ1
しょうゆ…大さじ1

### つくり方

1. ご飯を炊いておく。
2. ニンジンは皮をむいて、2,3cmの長さのせん切り、生ワカメはたっぷりの水に1,2分漬けて塩抜きをしてから水気を切り粗いみじん切りにする。
3. しらす干しは熱湯にくぐらせておく。
4. 熱した鍋に油を引き、ニンジンを炒め、火が通ったら、Aを加えてひと煮立ちさせる。
5. ④に生ワカメとしらす干しを加えて弱火で煮汁がなくなるまで煮る。
6. ①に⑤を加えて混ぜ合わせる。

## 豆腐の落とし揚げ

大人2人分　子ども2人分

外はサックリ、中はジュワリ。食感が楽しめる一品

これが苦手な子に

豚肉、豆腐、ひじき、卵が苦手な子にも

### 材料

木綿豆腐…350g(約2/3丁)
豚ひき肉…60g
ニンジン…中1/2本
長ネギ…1/2本
乾燥ひじき…3g
卵…1個
片栗粉…40g
しょうゆ…小さじ1
塩・こしょう…適量
油…適量

### つくり方

1. 木綿豆腐は十分に水切りをし、細かくつぶす。
2. 皮をむいたニンジン、長ネギは粗いみじん切りにする。乾燥ひじきは水で戻してから水気を切り、細かく切る。
3. 豚ひき肉と①②を混ぜ合わせ、さらに割りほぐした卵と片栗粉、しょうゆ、塩・こしょうを加えてよく混ぜる。
4. 鍋に油を入れて熱する。③の生地をスプーンですくい、油の中へ落とし入れ、4,5分揚げる。

## 苦手克服レシピ　肉編

## 豚とゴボウの卵とじ煮

大人2人分　子ども2人分

卵でとじれば豚肉のパサつきや食感も気にならない

**これが苦手な子に**

ニンジン、ゴボウ、グリーンピース、卵が苦手な子にも

**バリエーション**

豚バラ肉や豚こま切れ肉、鶏肉でもおいしくつくれます。

### 材料

豚もも肉…100g
ニンジン…中1/3本
ゴボウ…中1/2本
油…大さじ1
グリーンピース…10g
（冷凍を利用してもOK）
卵…2個

A
だし汁…300cc
みりん…大さじ2
しょうゆ…大さじ1
塩…小さじ1/2

### つくり方

① 豚もも肉は食べやすい大きさに切っておく。
② ニンジンは皮をむいて短冊切りにし、ゴボウは皮を包丁のミネでこそぎ取ってから薄いななめ切りにする。
③ グリーンピースは下ゆでしておく（冷凍の場合は、自然解凍したあと軽くゆでる）。
④ 鍋を熱して油を引き、①と②を入れて炒める。
⑤ ④にAを加えて中火で煮る。全体に火が通ったら③を加える。
⑥ ボウルに卵を割りほぐし、⑤に流し入れ、半熟状になったら火を止める。

## 鶏肉のマーマレード煮

大人2人分　子ども2人分

**ジャムの甘さととろみがパサパサした食感をカバー**

### 材料

鶏もも肉…350g

A
- マーマレードジャム…150g
- 酒…大さじ1と1/3
- しょうゆ…大さじ1と1/3
- ニンニク…少々
- 水…適量

### つくり方

1. 鶏肉は一口大に切る。
2. 鍋にAを入れて煮立て、鶏肉を加えて弱火で煮込む。

**これが苦手な子に**

**バリエーション**
ジャムはアプリコットやリンゴでもおいしくできます。

---

## レバーの香り揚げ

大人2人分　子ども2人分

**レバーの臭みも気にならず、サクサクしておいしい**

### 材料

- 豚レバー…400g
- しょうゆ…大さじ2弱
- しょうがのしぼり汁…適量
- 片栗粉…適量
- 揚げ油…適量
- ピーマン…2,3個
- ゴマ油…小さじ1強

A
- 酒…大さじ1
- 砂糖…大さじ1弱
- しょうゆ…大さじ1弱

### つくり方

1. ボウルに水を入れ、豚レバーを浸し、血抜きをする。20分ほど置いてから、黄色い脂肪の部分を取り除き、一口大に切る。
2. ピーマンをせん切りにする。
3. しょうゆとしょうがのしぼり汁をボウルに入れて混ぜ合わせ、キッチンペーパーで水気を取り除いた①を漬ける。
4. 170℃の油でキツネ色になるまで揚げる。
5. フライパンを熱してゴマ油を引き、②を炒め、④とAを絡める。

**これが苦手な子に**
ピーマンが苦手な子にも

**バリエーション**
鶏レバーでもおいしくつくれます。

## 苦手克服レシピ　魚編

# 魚のグラタン

大人2人分　子ども2人分

**カレーとチーズのグラタンで魚もおいしく食べられる**

### これが苦手な子に

タマネギやジャガイモが苦手な子にも

### バリエーション

ブリ、アジ、サバ、カレイなど、色々な魚で代用できます。

### 材料

カジキマグロ…120g
塩・こしょう…少々
タマネギ…小1個
油…大さじ1弱
カレー粉…小さじ1
ジャガイモ…中1個
マヨネーズ…大さじ3
パン粉…大さじ1強
粉チーズ…小さじ1
パセリ…適量

### つくり方

1. カジキマグロは一口大の大きさに切り、塩・こしょうを振る。
2. タマネギは薄切りにする。
3. 鍋を熱して油を引き、①②を炒める。
4. ジャガイモは皮をむいてゆででてから粗くつぶし、カレー粉とマヨネーズで和える。
5. グラタン皿に③を入れて上から④をかけ、パン粉と粉チーズを振り、200℃のオーブンで10～12分焼き、最後に刻んだパセリを飾る。

## 魚のタンドリー風焼き

大人2人分　子ども2人分

**カレーとケチャップの味つけが子どもに人気**

### 材料

紅鮭…4切れ
塩・こしょう…適量
パン粉…適量
油…大さじ1
A
　カレー粉…適量
　塩…小さじ1/2
プレーンヨーグルト…大さじ3
ケチャップ…大さじ1強
しょうが汁…小さじ1/2
おろしニンニク…1片
パプリカ粉…適量

### つくり方

1. 紅鮭は塩・こしょうを振りかけておく。
2. ボウルにAを混ぜ合わせて漬けダレをつくる。そこへ①の魚を入れて30分～1時間漬けこむ。
3. ②の表面にまんべんなくパン粉をまぶす。
4. 熱したフライパンに油を引き、③を並べて両面を焼き上げる。

**これが苦手な子に**

**バリエーション**
色々な魚で試してみましょう。

---

## サバの重ね煮

大人2人　子ども2人分

**染み込んだだしの味が魚臭さをやわらげてくれる**

### 材料

サバ…4切れ
大根…中1/4本
A
　だし汁…200cc
　砂糖…大さじ2と1/2
　酒…小さじ1と1/2
　しょうゆ…大さじ1と1/2

### つくり方

1. 大根は皮をむき、1～1.5cmぐらいの厚さのイチョウ切りにする。
2. Aを鍋に入れて火にかけ、ひと煮立ちさせる。
3. 煮立った②に、水切りしたサバを皮を上にして入れ、①の大根を入れて落としブタをして煮つける。

**これが苦手な子に**
大根が苦手な子にも

**バリエーション**
カブやゴボウ、ニンジンなどを一緒に煮てもおいしくできます。

## 苦手克服レシピ　その他の食材編

## 豆腐の中華スープ

大人2人分　子ども2人分

**豆腐が苦手な子にはスープから**

これが苦手な子に

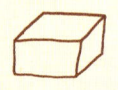

鶏肉、卵、小松菜が苦手な子にも

バリエーション
カニかまぼこを入れると彩りが美しくなります！

### 材料
木綿豆腐…1/2丁　鶏ガラスープの素…顆粒大さじ3
鶏ひき肉…50g　塩・こしょう…適量
卵…1個　水…1,500cc
小松菜 1束

### つくり方
1. 木綿豆腐はさいの目に切る。卵は割りほぐしておく。
2. 小松菜は軽くゆでてから水をきり、1cmぐらいの幅に切る。
3. 鍋に水を入れて沸騰したら鶏ガラスープの素を入れて煮立て、取りひき肉をひとつまみずつ落とし入れる。火が通ったら、木綿豆腐を加えて塩とこしょうで味を調える。
4. ③をかき混ぜながら卵を少しずつ加え、ひと煮立ちしたら火を止める。
5. 汁椀に④を注ぎ、小松菜を加える。

## ひじきのゴマ和え

大人2人分　子ども2人分

**苦手な食感や味は、ゴマとしょうゆの風味でカバー**

これが苦手な子に

ホウレンソウ、ニンジン、モヤシが苦手な子にも

### 材料
モヤシ…1/2袋
ニンジン…中1/4本
ホウレンソウ…1/3束
乾燥ひじき…6g
しょうゆ…大さじ1

**A**
白すりゴマ…10g
砂糖…小さじ2
しょうゆ…小さじ1

### つくり方
1. ホウレンソウはゆでてから、食べやすい大きさに切り、水気を絞る。
2. 乾燥ひじきは水で戻して砂やゴミを取り除き、ゆでる。ゆであがったら水気をきり、お湯を捨てた鍋に戻して、しょうゆを加えて水気を飛ばす。
3. ニンジンは皮をむいてから大きめのせん切りにする。モヤシは3cmぐらいの長さに切ってから、ニンジンと一緒に軽くゆでておく。
4. Aと①～③を和える。

## Part 5

### 視点を変えて、子育ての悩みを解消

# 保育のプロが考える、幼児期に必要な食育

　保育園の食育の目標は、健康で質の高い生活を送る基本としての生きる力を培うことです。このため保育園では、"楽しく食べる子ども"に成長していくことを期待しつつ、次の5つの子ども像の実現を目指した食育を行っています。

1. お腹がすくリズムが持てる子ども
2. 食べたいもの、好きなものが増える子ども
3. 一緒に食べたい人がいる子ども
4. 食事づくりや準備にかかわる子ども
5. 食べものを話題にする子ども

　ひばりっこくらぶ保育園での食育は、"給食"という実体験がメインです。集団生活の中で、先生や友達と同じ食事をとることで、バランスの良い食事や食事のマナーなどを学びます。

　食育というと、絵本やパネルシアターなどで食材について学んだり、野菜を育てたりというイメージがありますが、基本は毎回の食事です。家庭で行う食育でも、3回の食事を通して学べることから、実践していってください。

ひばりっこくらぶ保育園の子どもたちは、食べることが大好きです！子どもたちの「おいしい」が聞きたくて、毎日工夫を重ねています！

ひばりっこくらぶ保育園の栄養士さん。
左側から時計周りに鈴木梓さん、小黒絵美さん、大竹陽香さん、浦野理絵さん、石野泰子さん

栄養士さんたちの手作りレシピ本

## 1 お腹がすくリズムが持てる子ども

　たくさん遊んで、おいしく食べて、ゆっくり休む……この3つは、子どもの生活リズムを整えてくれる重要なポイントです。子どもの食欲がないときには、お腹がすくようにしっかりと遊んでいるか、食事の時間が子どものお腹がすくタイミングと合っているか観察してみてください。

## 2 食べたいもの、好きなものが増える子ども

　苦手な食材を減らそうと考えて取り組むと、"食べられなかった"という結果だけが残り、親も子もつらくなっていきます。発想を逆転させ、"食べたいもの、好きなものが増えた"という視点で、達成できたことや、努力した過程を評価してあげてください。

## 3 一緒に食べたい人がいる子ども

　友達や保育士と食卓を囲み、みんなで楽しく食べると、食が進みます。苦手な食材も、みんながおいしそうに食べていれば挑戦してみようという気持ちになることも……。一緒に食べたいと思う人との食事は、心身を満たしてくれる大切な栄養素になります。

## 4 食事づくりや準備にかかわる子ども

　食事づくりや配膳のお手伝いを通して、食材や料理、食事をつくってくれる人への興味が湧きます。自分が関わった料理だから……という気持ちが苦手食材を口に運ぶきっかけになることも。子どもの"やってみたい"を育んでいきましょう。

## 5 食べものを話題にする子ども

　給食の時間が近づくと、調理室から漂うおいしい匂い……。食事をつくる"匂い"や"音"は食事への期待を高めてくれる"給食の予告編"です。子どもから「今日のお昼は何？」というセリフが聞こえたら、作戦成功！ あとは、楽しい食事の時間へと会話をつなげましょう。

# ズームアウトが必要なとき

　偏食や小食など個々の問題にズームを固定すると、解決法を見失ってしまうことがあります。子育ての"困った！"に遭遇したら、幼児期の特性や生活環境など、子どもの背後にある風景にズームアウトしてみましょう。解決法は意外なところで見つかるものです。

## ズームアウト 1　プチ嫌な体験

　コーンスープは好きなのに、トウモロコシが嫌いだという子がいます。この子のトウモロコシが嫌いな理由は、味でも食感でもなく、トウモロコシの粒が歯に詰まってしまった"プチ嫌な体験"でした。
　食材が歯に挟まるのは些細なことだとはいえ、大人にとっても不快なもの。挟まったものを、自分で対処できない子どもにとってはなおさらです。
　食べようかどうか迷っているときに、無理に食べさせたことがプチ嫌な体験として記憶され、その食材が嫌いになるケースもあります。大人にとって"ちょっとしたこと"が子どもにとっての"プチ嫌な体験"にならないように、心がけましょう。

一見、食べものの好き嫌いだけに見えるようなことであっても…

ズームアウトすると…

残しちゃだめでしょ!!

過去に怒られたことが、原因になって食べられなくなっていることも。

## ズームアウト 2　早寝・早起き・朝ご飯

　朝食は脳や体に一日のはじまりを告げる"目覚まし時計"です。脳や体が十分に目覚める前に活動をはじめると、体の中のリズムが崩れるだけでなく、血液中のブドウ糖が不足し、いわゆる低血糖の状態に陥ってしまいます。朝食を食べないと、集中力や根気が欠けたり、体がだるくなったりするのはこのためです。特に幼児期の子どもは、大人に比べ、体内に脂肪を蓄えられる量が少ないため、空腹が即体調不良につながります。朝食をとることで、午前中にしっかり活動ができます。たくさん活動すれば、お腹もすきます。小食が心配なときには、生活習慣を見直してみましょう。

## 朝食と体力、学力

朝食は子どもの体力や学力にも影響を及ぼします。平成22年の文部科学省の調査によると、運動能力の平均点は、朝食を毎日食べる子どものほうが食べない子どもよりも高く、学力調査の平均正答率も同じような傾向が見られました。

近い将来、「勉強しなさい」と繰り返し言わずにすむように、今から朝食をとることを習慣づけましょう。

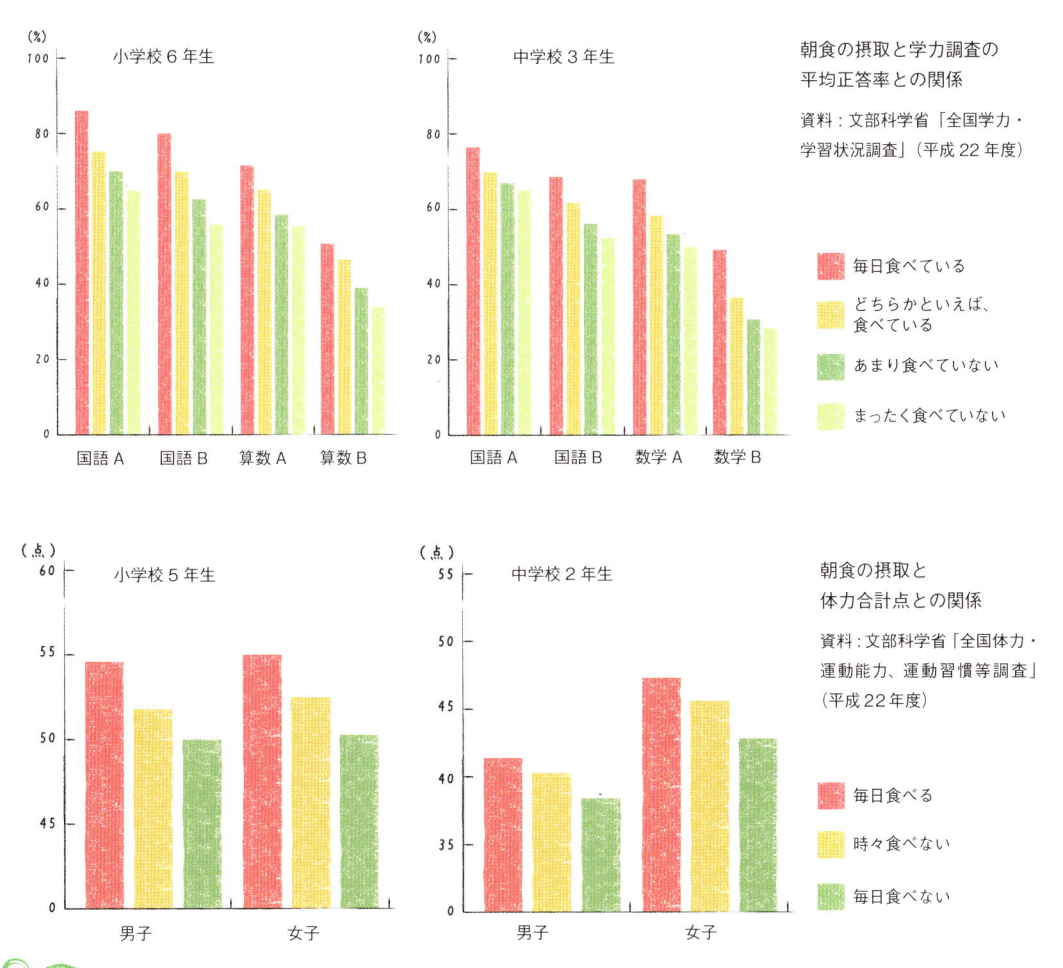

朝食の摂取と学力調査の平均正答率との関係
資料：文部科学省「全国学力・学習状況調査」（平成22年度）

凡例：毎日食べている／どちらかといえば、食べている／あまり食べていない／まったく食べていない

朝食の摂取と体力合計点との関係
資料：文部科学省「全国体力・運動能力、運動習慣等調査」（平成22年度）

凡例：毎日食べる／時々食べない／毎日食べない

## 生活習慣と深い関わりがある朝食

朝食を食べない主な理由として挙げられたのは"ギリギリまで寝ていて、食べる時間がない""空腹感がない"などです。この問題の背景には、生活の夜型化があります。

しっかり朝食をとるためには、自然のリズムに合わせて、早寝早起きをすることが大切です。起きてからの時間的余裕が生まれれば、家族との会話もでき、自然とお腹もすいて、おいしく食べられます。

"三つ子の魂百まで"というように、幼児の間に一度身についた良い習慣は、長く実行できるものです。幼児期の今、親子で一緒に頑張りましょう。

# 幼児期に学ばせておきたいこと

　ひばりっこくらぶ保育園の真向かいに、姉妹園のひばり保育園があります。
　30年以上の歴史あるこの保育園では、毎年、ミュージカルに取り組んでいます。
　このミュージカルでの取り組みによって、子どもたちは自分たちに秘めた能力を発見し、挑戦する素晴らしさを学んでいるといいます。ミュージカルの指導を行っているひばりっこくらぶ保育園のキャプテン、久保田ひろこ先生にその内容について伺ってみました。

## 誰もが大切な存在であることを知らせる

　配役を決めるときはオーディションを行います。自分のやりたい役に立候補してもらい、先生や子どもたち自身が審査するのです。

　オーディションの際には、「主役は大切な役だけど、主役だけではお話が成り立たないんだよ」と子どもたちには必ず話すようにしています。出番が少ない役でも、その役がいなければ、ミュージカルはできないからです。どの役（子ども）も欠けてはいけない大切な存在だということは、子どもたちが社会に出てからも重要なメッセージになると思っています。

　また、ミュージカルで学んだことは、食育にも役立ちます。ミュージカルをカレーライスに置き換えて話をするのです。お肉が好きだからと言っても、お肉だけのカレーはイマイチ。ニンジンやジャガイモ、タマネギ、そこから出る旨味があってこそ、お肉がおいしくなるのだ、と。そうすると、「野菜も食べてみようかな」という気持ちを持つ子も出てきます。

## 自分の選んだものに責任を持つことを学ぶ機会を

　さて、主役の子どもはオーディションで選ばれたあとも大変です。練習が足りないと思ったら、すぐに代役の存在をほのめかします。厳しいようですが、自分で選んだことに対して、責任を持って取り組む大切さを学んで欲しいと思うからこそ、心を鬼にすることもあります。
　これまで毎年ミュージカルをやってきましたが、どの子も自分の役をまっとうしています。褒めることも大切ですが、ときには厳しさも、子どもの能力を伸ばすには不可欠なのです。
　ミュージカルをはじめてから、風邪をひく子どもが少なくなりました。どれだけ一生懸命に練習しても、本番に熱を出してしまっては舞台に立つことができません。園では、子どもたちにはそのことをしっかりと伝えています。うがいや手洗いをマメに行うなど、子どもたち自身が体調管理に気を配るようになった結果、風邪をひきにくくなったのだと思います。

また、ハードな練習のあとにはお腹もすきます。ミュージカルの練習をしている期間、普段は小食の子どももたくさん食べてくれます。空腹は最大の調味料。いつもはしぶしぶ食べていた野菜をモリモリ食べている子どもの姿も見かけます。

## 可能性の種まきをし、秘めた能力の芽を育てる

　園では、子どもたちが真剣にミュージカルに取り組むことで、その子が抱えていた様々な問題を解決できることが少なくありません。

　たとえば、内気だった子が練習していくうちにどんどん上達し、人前で表現することの楽しさに気づくこともあります。そのときは、その子のセリフや登場回数を増やして可能性の芽を伸ばします。頑張って続けていくことで成果が得られることを知る大切な経験です。

　ミュージカルでの成功体験が自信となり、今まで避けてきたことにもチャレンジする子どもも出てきます。苦手な食材に挑戦してみたり、おかわりをしたり、食の問題を解決するきっかけになることもあります。

　30年間、保育士として子どもたちと接してきた私も、幼児期の子どもたちの潜在的な能力には本当に驚かされるばかりです。

　子どもたちが自分の中に秘めている能力に気づくためにも、色々な経験をする機会を与えてあげたいものですね。

　食育に限らず、この時期の子どもたちには豊かな経験を通した"可能性の種まき"をすることが大切です。未来のある子どもたちに様々な可能性の種をまいてあげましょう。

ひばり保育園のミュージカルでの記念撮影です。それぞれ、自分が選んだ役を大切に演じています。

ひばりっこくらぶ保育園の子育てハッピーメソッド 01

# 育児スペースには香りを活用しよう

　ひばりっこくらぶ保育園の園舎に入ると、優しいアロマが香ってきます。

　園では設立当初から保育スペースにアロマを活用しています。それは、植物が持つ香りが、心をおだやかにしたり、元気をくれたりするからです。

　お昼寝をする部屋では安眠作用やリラックス作用のあるラベンダーなどを使用。給食を食べる部屋ではオレンジなどの、食欲増進作用のある香りを使っています。また、園内にある足湯スペースでは、精油を垂らした芳香浴を行い、子どもたちの気持ちの切り替えを促しています。

　嗅覚を刺激した香りは脳へと伝わり、感情や気分に作用する物質が分泌されます。自分自身での気持ちの切り替えが難しいときにも、植物の香りが直接脳を刺激して、リラックスさせたり、気分を高めたりしてくれるのです。

　アロマはご自宅でも気軽に試すことができます。子どもが寝つかないときや、ストレスが溜まっているように見えるとき、また、食欲がないときには、ご自宅でも香りの効果で気分をコントロールしてみましょう。

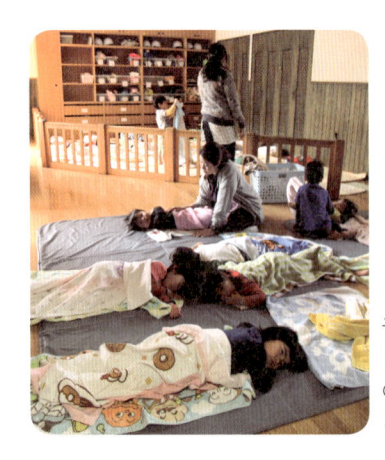

子どもがなかなか寝つかないというときは、リラックス効果のある香りをアロマポットなどで焚きましょう。

食事の時間の前からオレンジなどの食欲増進作用のある香りを焚くと、"これから食事だ"という意識づけにもなります。

外遊びの後には、洗面器などにティートゥリーを垂らして足湯を。殺菌効果も高く、風邪の予防にもなります。

ひばりっこくらぶ保育園の子育てハッピーメソッド 02

# 子育て中は、ママの心と体を癒すことも大切

　植物の香りに癒されたり、元気をもらったりするのは大人も子どもも同じです。子どもがハッピーでいるためには、日頃からママがストレスや疲れを溜めずに笑顔でいることが一番。

　「子育て中のママの中には、自分をケアする時間がない方もたくさんいらっしゃいますが、ママのストレスや体調不良は子どもに大きく影響します。ママが、自分自身をケアし、リフレッシュすることは大切なことです」と、ひばりっこくらぶ保育園の主任保育士、松浦由里先生。

　ひばりっこくらぶ保育園の園舎のバックヤードには、リフレクソロジールームがあります。ここでは、園児の保護者や園を見学に来られた保護者に対して、リフレクソロジーの資格を持つ保育士が施術を行っています。お迎えのときに疲れているママをリフレクソロジールームに招いて施術することもあるといいます。

　仕事や家事、育児で疲れているなと感じたら、アロママッサージやリフレクソロジーなどで心身を癒すことも時には大切です。エステやマッサージサロンには託児つきのところもあるので、活用してみましょう。

## リフレクソロジー体験

1歳の子どもを持つママに、リフレクソロジーを体験してもらいました。

**体験談**

体験者
伊藤理沙さん

子どもが生まれてからはじめて、マッサージを受けました。子どもが泣いていても先生が「ママとの絆がしっかりできている証拠だから、泣いてもいいんですよ」と言ってくださり、気兼ねをせずにゆっくり過ごすことができました。気軽に子育て相談をしながら施術を受けられたので、とてもリフレッシュできました。保育園にこういう施術ルームが増えていくといいなと思います。

**保育士さんの声**

施術してくださった
松浦由里先生

小さな子どもがいるママはなかなか、自分のことに気が回らないものです。また、子どもを預けてリフレッシュすることに罪悪感を感じる人も少なくありませんが、子どもがいつも元気で笑顔でいるためには、ママがストレスを溜めず、笑顔でいることが一番です。子育てのお話をしながらちょっと体を緩めるだけでも、疲れやストレスは解消できます。時には自分を癒してあげてくださいね。

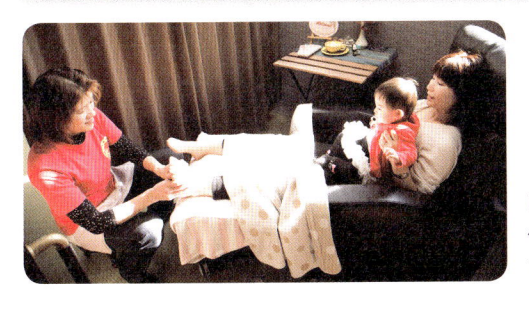

「20分リフレクソロジーを受けただけでも、体が驚くほど軽くなり気分もリフレッシュできました」と伊藤さん。

リフレクソロジーで、気分転換

# 足裏マッサージでリフレッシュしよう

　食の問題に限らず、子育ての悩みを抱えているときはそのことばかりで頭がいっぱいになりやすいもの……。心にも体にも、ストレスもたまりやすくなります。そんなときは、香りの効能で気分転換を図りましょう。

　ひばりっこくらぶ保育園でリフレクソロジーの資格を持つ松浦先生に、自宅でも簡単にできるリフレクソロジーを教えてもらいました。

### 自宅で行うマッサージは手順よりも、心地よさを重視

　自宅でマッサージを行う場合は、順番やツボの位置にこだわるよりも"気持ちいい"と思えることが大切です。アロマオイルをひざ下に塗って、なでるようにすべらせるだけでも癒しの効果があります。また、親子で一緒にマッサージを通してコミュニケーションを楽しむのもいいですね。入浴で体を温めてから行い、マッサージが終わったあとは白湯を飲むとより効果的です。

### 簡単リフレクソロジー法

① 両足を伸ばして座ります。右足のひざを曲げて左太ももの上にのせるようにして、足裏にマッサージオイルを塗ります。

② ①のままの姿勢で右足の足首に右手をのせ、右足の指先を左手で包むようにして持ち、ゆっくりと右に数回、左に数回ずつ、足首をまわします。

③ 左手で右足の指先抱えるようにして持ち、右手で足の裏の真ん中よりも少し上あたりを数回ずつ押しながら、かかとに向かってずらしていきます。これを、2,3回繰り返します。

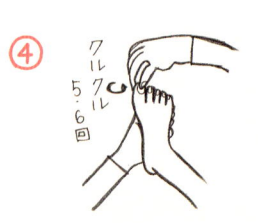

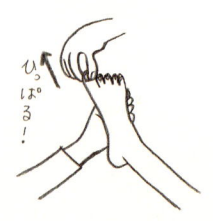

④ 左手で右足の裏を抱えるようにし、右手で右足の親指をつまむようにして持ち、ゆっくりとまわします。5,6回まわしてから、軽く引っ張ります。親指から小指まで1本ずつ丁寧に行います。①〜④を、足を逆にして行います。

香りの効能で、ママも子どももストレスフリーに

# 香りを使って体調や気持ちを整えよう

### アロマテラピーで、ママも子どももストレスフリーに

　アロマテラピーに使用されるエッセンシャルオイルは、様々な種類のものが市販されています。気分や症状に合わせて選んで、アロマポッドで芳香したり、バスタブに垂らして芳香浴をしたりして、親子で香りの効果を感じてみましょう。
　お子さんがいる家庭でアロマポッドを使う場合は、キャンドルタイプよりも電気を使うもののほうが安全です。また、乳児に使用するときは、エッセンシャルオイルが直接肌に触れないように気をつけましょう。

#### 憂うつな気分には
**ベルガモット**
心を鎮静させる効果と心を高揚させる効果の両方の作用があります。ストレスをやわらげ憂うつな気分を緩和させてくれます。

**クラリセージ**
ストレスをやわらげ、幸福な気分を高めてくれます。また、女性ホルモンのバランスを調整する効果もあるといわれています。

#### ホルモンバランスの乱れには
**ローズ**
月経痛などの女性特有の症状に働きかけてくれます。また、ホルモンバランスの乱れからくる精神的な不調を緩和させてくれます。

#### 気分を変えたいとき
**ペパーミント**
神経の疲労を回復させる作用があります。頭と気分をスッキリさせる効果があり、集中力をアップさせるといわれています。

#### 風邪の予防には
**ティートゥリー**
風邪のウィルスを殺菌する働きがあります。コップ一杯のぬるま湯に精油を1滴落として、うがいをするとより効果が高まります。

#### 花粉症のつらい症状に
**ユーカリ　ティートゥリー**
のどや鼻のつらい症状をやわらげます。コップにぬるま湯を注ぎ、精油を1～3滴垂らしてから、湯気を吸い込みます。

#### 子どもの夜泣きや不眠に
**ネロリ**
日中に受けた色々な刺激による緊張を解きほぐす作用があります。リラックス効果があり、安眠効果が望めます。アロマポッドで芳香します。

**ラベンダー**
緊張や不安などからくるストレスを緩和し、リラックス効果をもたらします。入浴の際に垂らす皮膚炎などにも効果があるといわれています。

---

### ママが考案した、ママに人気の馬油アロマスティック！
[MAMA-PLUG With Moisture BAYU Balm]

2,800円（税別）
製造元／日本食品
WEBショップ／
http://www.plugged-shop.com/

精油配合の馬油で、マッサージにもお使いいただけます。スティックから中身を3～5mmほど繰り出し、保湿をしたい場所やマッサージしたい場所に直接塗ってのばして使います。化粧水や乳液・化粧下地代わりにさっとひと塗りすれば、抜群の保湿力で肌を保護してくれます。

#### 香りは3タイプ
ホルモンバランスの乱れを感じたとき
**Woman's Balance ROSE**
リラックスしたいとき・お休み前に
**Relax LAVENDER**
リフレッシュしたいとき・気持ちを切り替えたいとき
**Refresh　PEPPERMINT**

香りの監修：YUMIKA YAMAMOTO
アロマセラピスト・リフレクソロジスト

Benessence
WEBサイト／
http://www.benessence.com/

ひばりっこくらぶ保育園の保育士さん、栄養士さんからママへ

# 保育のプロからのメッセージ

● ママへのひとことメッセージ　● いつも子どもにかけている言葉

"ありがとう"は魔法の言葉
久保田ひろ子（キャプテン）

モリモリ食べて
いっぱい遊ぼう
久保田明（マネージャー）

あなたはの子は
あなたのように育つ
松浦由里（主任保育士）

「いっぱい食べて
大きくなろうね」
日野絵里子（保育士）

「象さんのお口で
食べているところを見せて」
矢野美希（副主任保育士）

「みんなで食べると
おいしいね」
松田瞳（副主任保育士）

「カッコいいお口が
見たいな」
大橋瑠衣（保育士）

「一緒に大きなお口を
あけようね」
平林茂樹（保育士）

「頑張ったから
今日は大サービス」
大西加奈子（保育士）

「ニンジンさんが
泣いているよ」
倉澤富好（保育士）

「大好きな○○ちゃんが
見ているよ」
渡部美喜子（保育助手）

苦手な野菜もLet's
チャレンジ
小鍛冶博昭（保育士）

愛情たっぷり
我が家だけの味
石川美穂（保育助手）

嫌い嫌いも好きのうち
突然好きになる日もあります
勝田晴美（保育士）

「○○ちゃんが見ているよ」
佐藤麻央（保育士）

元気のパワーは食欲から
椿原千恵（事務）

「ママに"いっぱい
食べたよ"って伝えるね」
小峰紗希子（保育士）

離乳食は"食べものを紹介する"
という意味があるそうです
そう考えると肩の力が抜けますね
石野泰子（栄養士）

家族そろって"いただきます"
"ごちそうさま"を言ってみよう
大竹陽香（栄養士）

食べることは
Happy Lucky
小黒絵美（副主任栄養士）

「カッコいいとこ見たいな!!」
浦野理絵（栄養士）

いっぱい食べて
いっぱい笑おう
鈴木梓（栄養士）

## 本書制作に参加してくださったママの声

小西和子さん

小さいからと遠ざけていましたが、工夫すれば2歳でもできるお手伝いがあって、兄は「大きいから包丁を使っていいよ」と言うと嬉しそうで、積極的にお手伝いしてくれました。目から鱗のレシピばかりでしたが、特にせんべい汁は息子たちに好評で、しいたけ嫌いの息子でもおいしく食べられました！

井戸川亜津奈さん

お手伝いが好きな息子ですが、普段は「危ないから」「汚すから」とあまりやらせずにいました。今回の体験では、私も息子も、お互いに楽しんでつくることができました！下の子と一緒にできるのがいいですね！子どもが一緒でもとても簡単にできるレシピだったので、これからもチャレンジしてみます。

伊藤理沙さん

木の温もりが感じられる広々とした造りで、あったかい雰囲気の保育園でした。先生たちも優しいし、リフレクソロジーもあるし、家が近所だったらここに子どもを預けたいなあ、と思いました。

### あとがき

　子育ては本気勝負。だから、腹をくくって、ズッシリとかまえていなければならない。

　ひばりっこくらぶ保育園の先生方とお話していて感じたことです。
それまでの私は、娘が嫌いな食材をテーブルに出し、3回くらい「いらない！」と言われると、"この子は○○食べないしな……"と、決めつけ、あきらめてしまっていました。
　本書で紹介した通り、保育園では「嫌いなものに挑戦するなら、最低でも1年間は頑張らないと」という姿勢で取り組まれています。
　考えてみたら、子どもの一生ははじまったばかり。長い人生の中で、3食分のピーマンを食べなかったくらいで何か変わるのでしょうか？
　目の前にあるピーマンに意識を集中させ、ため息をつきながら眺める1年はとても長いもの。ところが、娘の一生という視点から見れば、1年なんてあっという間です。

　本気勝負の子育てというと、子どもに手をたくさんかけるほうがいいようなイメージがありますが、実際には、子どもの自主性を信じてじっと見守る方が難しく、より高い本気度が要求されます。

　たとえば、苦手食材がわからなくなるまで刻み、手をかけて料理をすれば、食材に気がつくことなく、食べさせることができます。でも、それでは子どもの"食べてみたい"を育てることはできません。
　「いらない」と言われた食材も食卓の上に出し続け、大人がそれをおいしそうに食べていくことで、食材への興味を高めていくことができるそうです。これを実行するには根気がいります。咲くかわからない花の種をまき続けることに、虚しさを感じることもあるかもしれません。それでも種まきをしながら待つことが大切です。


　ひばりっこくらぶ保育園の姉妹校であるひばり保育園では、中学2年と高校2年、そして20歳のときに同窓会を開いているそうです。20歳の同窓会では、自分が年長組のときに漬けた梅干しと、保育園時代の児童記録が渡されます。法律で定められた保存期間を越えて、大切に保管されていた記録。それは、子どもたちが自分が"大切な存在"であることを確認できる貴重な機会ではないかと思います。

　自分がそのくらいの年齢だったときを思い返すと、どんなに生意気なことを言っても、心の中ではまだまだ"大人に守られたい"という気持ちがあったように思います。

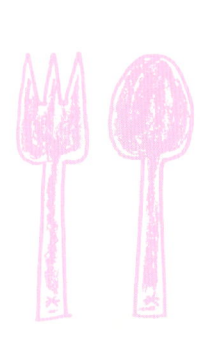

母の立場でいえば、子どもが"守られたい"と思う存在は、自分であってほしいもの。もちろん、子どもが未就学児でいるうちは、かなり高い確率で"ママに守ってもらいたい"と思ってくれているはずです。とはいえ、子どもが成長する過程では、親子でぶつかり合うことも出てくるかもしれません。

　そんなときに、親以外にも、子どもに本気で関わってくれる大人が身近なところにいることは、本当に心強いことだと思います。

　実際、園長先生のところには、「親とケンカして家出した」という子どもが訪ねてくることがよくあるそうです。家出といっても園長先生のご自宅ですから、親御さんもまずはひと安心。元園児もひとしきり話を聞いてもらえば、気持ちも落ち着き、自宅に帰っていくことができるといいます。

　では、園長先生と子どもたちの心の絆は、どこから生まれてくるのでしょうか？
　色々なエピソードから浮かんでくる共通点は、"食"でした。毎日の給食もその1つです。

　食べることは生きる源。
　だから、食べることを通じて築いていった人間関係は強いのかもしれません。

　そう考えると、子どもたちの"食"をめぐる問題は、ママだけが頑張るというのはもったいない気がします。パートナーの方はもちろんのこと、祖父母やママ友、保育園や幼稚園に通っていれば先生方など……。色々な大人が子どもの"食"に関わっていくことで、子どもが信頼できる大人が増えていくように思います。

　特に注目していただきたいのが、お住まいの地域にある認可保育園です。地域の子育て支援に積極的な保育園もありますし、栄養指導や、給食の試食会を設けているところもあるようです。

　子どもとのコミュニケーションのプロである保育園の先生方は、様々なノウハウを持っています。子どもに対する声かけ1つ真似てみただけなのに、問題が解決するということもありました。

　母親であれば、子どものことは一番わかっていたいと思うもの。でも、子どもが3歳ならばママ年齢も3歳、5歳ならママも5歳です。うまくいかないこと、わからないことは、"プロ"と相談しながら、子どもと一緒に成長していければと思います。


MAMA-PLUG
代表　Lo紀子

● 企画／MAMA-PLUG

LLP PLUGGED が運営するママのハッピーライフを応援するプロジェクト。ママと社会、ママと企業を"PLUG"し、ママを取り巻くさまざまな問題解決につながる商品の開発や情報の提供に努めている。被災地ママ支援活動「つながる.com」などをプロデュースしている。

オフィシャルサイト
http://www.llp-plugged.com

■ スペシャルサンクス

伊藤理沙、伊藤紗弥、伊藤沙弥香、井戸川亜津奈、井戸川颯太、井戸川楓佳、牛垣るりこ、大城久美子、梶野翔、小谷野かれん、小西浩也、小西和子、小西一慶、小西賀文、田村愛琳、富川京子、富川奈桜、ユージン・クリストファー・ロー、ひばりっこくらぶ保育園のみなさん

● 撮影協力

レコールバンタン（http://lecole.jp/）

◆ 制作スタッフ

企画・編集／Lo 紀子（MAMA-PLUG）、MARU（MAMA-PLUG）
装丁・デザイン／神明篤志（bulwark）、MAMA-PLUG
撮影／渡邉茂樹、MAMA-PLUG
写真提供／ひばりっこくらぶ保育園
イラスト／トミカワマミ（MAMA-PLUG）
フードスタイリング／神成マサヨ（P24,P26,P35～39）、MAMA-PLUG

---

親子でつくれる
ひばりっこくらぶ保育園の偏食解消レシピ

2012年5月1日 初刷第1刷発行
編著／MAMA-PLUG
発行所／株式会社 K&B パブリッシャーズ
発行者／河村季里
〒101-0054 東京都千代田区神田錦町 2-7　戸田ビル 3F
TEL 03-3294-2771　FAX 03-3294-2772
印刷・製本所／株式会社シナノ

定価はカバーに表示してあります。
本書の内容を無断で複製・放送・データ配信などをすることは、かたくお断りしております。
乱丁本・落丁本はお取替えいたします。
本書に掲載されているメソッドやレシピは、社会福祉法人　宿河原会（ひばりっこくらぶ保育園）によって長年の経験をもとに生み出されたものですが、すべての子どもが偏食を解消できるという約束をするものではありません。

ISBN978-4-902800-59-3 C2077
©PLUGGED
2012 Printed in Japan